Piers Compton

LA CRUZ ROTA
La mano oculta en el Vaticano

Piers Compton

Piers Compton (1901-1986) fue un sacerdote católico, periodista y escritor. Fue editor literario de *The Universe* y escribió varios libros, entre ellos *La cruz rota*, en el que criticaba los cambios en la Iglesia católica tras el Concilio Vaticano II.

La cruz rota: la mano oculta en el Vaticano

The Broken Cross — The Hidden Hand in the Vatican

Publicado por primera vez en Gran Bretaña en 1983

Traducido y publicado por
Omnia Veritas Limited

OMNIA VERITAS®

www.omnia-veritas.com

© Omnia Veritas Ltd - 2025

Todos los derechos reservados. Queda prohibida la reproducción total o parcial de esta publicación por cualquier medio sin el permiso previo del editor. El código de propiedad intelectual prohíbe las copias o reproducciones para uso colectivo. Cualquier representación o reproducción total o parcial por cualquier medio, sin el consentimiento del editor, el autor o sus sucesores, es ilegal y constituye una infracción punible por los artículos del Código de Propiedad Intelectual.

PRIMERA PARTE	**11**
2	13
3	15
4	17
5	24
6	27
7	30
8	37
9	42
SEGUNDA PARTE	**45**
2	47
3	56
4	59
5	62
TERCERA PARTE	**65**
2	70
3	73
4	76
5	79
6	85
7	91
8	94
CUARTA PARTE	**97**
2	103
3	106
QUINTA PARTE	**111**
2	117
SEXTA PARTE	**126**
2	129
3	136
PARTE SÉPTIMA	**140**
2	147
OCTAVA PARTE	**149**
2	152
3	160
4	163
5	165
NOVENO	**166**
2	169
3	175
PARTE DIEZ	**191**
2	195
3	198
4	204
PARTE ONCE	**205**
PARTE DOCE	**211**

2	215
PARTE TRECE	**216**
2	219
3	222
4	231
PARTE CATORCE	**232**
2	240
3	243
APÉNDICE	245
La extraña muerte de Roberto Calvi	*245*
FINAL	250
BIBLIOGRAFÍA	253
OTROS TÍTULOS	257

Primera parte

¿Qué queda cuando Roma perece?
Cuando Roma cae, el mundo.
Virgilio. Byron.

Sus afirmaciones eran monstruosas. Traspasaban los límites de la comprensión humana. Porque afirmaba ser la única voz divina y autoritaria en la tierra; y enseñaba, juzgaba y afirmaba, siempre con el mismo tono válido, segura de que su mensaje sobreviviría a los fenómenos transitorios de la duda, el cambio y la contradicción. Se mantenía firme, como un edificio de verdad detrás de las murallas de la verdad, que desafiaba los numerosos y diversos ataques lanzados por sus enemigos. Porque afirmaba tener una fuerza que no era propia, una fuerza vital y un vigor impartidos por un poder que no se encontraba en ninguna otra parte; y como no podía compararse con nada terrenal, provocaba miedo, desconcierto, burla e incluso odio.

Pero a lo largo de los siglos nunca vaciló; nunca abandonó ni una sola parte de su estupenda herencia; nunca permitió que apareciera la más mínima grieta en su tan denostado manto de intolerancia. Inspiraba devoción y admiración incluso en aquellos que despreciaban su disciplina mental. Se elevaba por encima de las conjeturas, las posibilidades y las probabilidades, ya que la Palabra en la que se había fundado era también su garantía de permanencia. Proporcionaba la única respuesta a la pregunta inmemorial: "¿ — , qué es la verdad?".

[1]Uno de nuestros ensayistas contó, como muchos de nuestros escolares sabían, su lugar en la historia; cómo vio el comienzo, como era probable que viera el fin, de nuestros sistemas mundanos; y cómo, en el futuro, un arco roto del Puente de Londres podría servir de punto de apoyo desde el que un viajero "podría dibujar las ruinas de San Pablo".

Pero seguiría en pie, monumental, único, presentando como lo hacía los símbolos de la resistencia en esta vida y la admisión a una eternidad más allá de — una roca y una llave.

Era la Iglesia católica.

Pero ahora, como incluso los irreligiosos han llegado a comprender, todo eso ha cambiado. La Iglesia ha bajado la guardia, ha renunciado a sus prerrogativas, ha abandonado sus fortificaciones; y el propósito de estas páginas es examinar cómo y por qué ha podido producirse esta transformación, hasta ahora considerada imposible por sus adeptos — e incluso por algunos de sus críticos más hostiles — .

---

[1] Lord Macaulay sobre *la Historia política de los papas* de von Ranke, en 1840.

2.

Lo que sigue está escrito, con un propósito definido, desde el punto de vista de un católico tradicional y practicante. Los sentimientos expresados aquí tienen por objeto poner de relieve las herejías, las novedades y las profanidades que, en nombre de una religión reformada o "actualizada", han dejado a la Iglesia en ruinas en todo el mundo.

Existe la sensación generalizada de que nuestra civilización se encuentra en peligro mortal. Se trata de una conciencia reciente, totalmente distinta de los antiguos temores evangélicos de que el mundo, de acuerdo con alguna profecía bíblica, está llegando a su fin; temores que han perdido gran parte de su antigua simplicidad y se han vuelto más reales desde la amenaza de la guerra nuclear. Pero el fin de nuestra civilización tiene implicaciones más siniestras que la destrucción real de un planeta, ya sea provocada por un "acto de Dios" o por un frenesí de locura total por parte del hombre.

Porque la civilización declina cuando la razón se pone patas arriba, cuando lo mezquino y lo vil, lo feo y lo corrupto se convierten en la norma de las expresiones sociales y culturales; o, para acercarlo más a los términos de nuestro argumento, cuando el mal, bajo diversas máscaras, ocupa el lugar del bien.

Nosotros, los de esta generación, según nuestra edad y temperamento, nos hemos convertido en víctimas voluntarias, inconscientes o resentidas de tal convulsión. De ahí el aire de futilidad que nos envuelve, la sensación de que el hombre ha perdido la fe en sí mismo y en la existencia en su conjunto.

Es cierto, por supuesto, que todas las épocas han sufrido los reveses de la guerra, la revolución y los desastres naturales. Pero nunca antes el hombre se había quedado sin guía ni brújula, sin la seguridad que le transmitía la presión de una mano en la que confiaba. En demasiados casos, es un ser separado, divorciado de la realidad, sin el consuelo de un arte que valga la pena o el trasfondo de la tradición; y, lo que es más fatal, como dirían los ortodoxos, sin religión.

Ahora bien, solía ser una parte aceptada de la visión católica que la Iglesia creó nuestra civilización, con las normas éticas y el gran corpus de revelaciones en las que se basan la actitud y el destino del hombre.

Por lo tanto, una vez aceptada esta proposición, se deduce que cualquier deterioro por parte de la Iglesia debe reflejarse en un declive similar de la civilización que ha fomentado; y ese declive, como lo demuestran las expresiones morales y culturales de nuestro tiempo, es visible en todas partes.

Así, la mera mención de la religión provoca un rechazo automático por parte de personas que nunca han reflexionado sobre las enseñanzas o las prácticas de la Iglesia, pero que sienten que esta debería remediar o controlar de alguna manera la erosión generalizada. Sienten desprecio (y el desprecio es un virus más mortal que el escepticismo) por el fracaso de la Iglesia a la hora de hacer frente a unas condiciones que exigen una acción vital; por su disposición a seguir la corriente sin pronunciarse en contra de la subversión, o incluso alentándola; por su predicación de una versión diluida del humanismo en nombre de la caridad cristiana; por la forma en que, tras haber sido enemigos inflexibles del comunismo, los líderes clericales al más alto nivel han participado en lo que se denomina "diálogo" con quienes buscan no solo la caída de la Iglesia, sino la ruina de la sociedad en su conjunto; por la forma en que ha renunciado a su credo, antaño definido con orgullo, al admitir que hay más dioses en el cielo y en la tierra de los que soñaba la filosofía de su fundador.

Este resumen de recelos nos lleva de vuelta a la pregunta planteada al inicio de nuestra investigación: ¿—, qué ha provocado los cambios en la Iglesia?

3.

Cualquier revolución, como la francesa y la rusa, debe entrar en colisión frontal con dos instituciones: la monarquía y la Iglesia. La primera, por muy profundamente arraigada que esté en el linaje y el rito sacramental, puede ser totalmente eliminada de un solo golpe. Pero la religión de un pueblo, por muy defectuosa que se haya vuelto, no puede ser suprimida tan fácilmente por ninguna fuerza ejercida desde fuera.

La monarquía vive de la aceptación, la costumbre y un proceso de reconocimiento que puede acabar con la caída de un cuchillo o el disparo de un rifle. Pero la religión, y especialmente la cristiana, aunque haya caído en descrédito y sea objeto de desprecio, ha llevado hasta ahora en sí misma las semillas de la resurrección. Una y otra vez se ha dictado sentencia de muerte contra ella; una y otra vez ha sobrevivido al verdugo. Que seguirá haciéndolo puede darse por sentado, aunque si sobrevivirá en su antigua forma sin trabas, con su estatura, su voz infalible y su sello de autoridad, es otra cuestión.

Algunos rechazarán esa sugerencia por considerarla impensable. Otros, aunque estén de acuerdo en que la Iglesia ha sancionado un cambio de énfasis aquí y allá, lo verán como parte del plan divino; y solo unos pocos, ya que se ha convertido en una característica de nuestro pueblo rechazar la mera mención de una conspiración, verán en ello la realización de un plan deliberado y secular para destruir la Iglesia desde dentro. Sin embargo, hay más pruebas de todo tipo de la existencia de tal conspiración que de algunos de los hechos históricos comúnmente aceptados.

Debido a lo que sigue, es necesario repetir que la mentalidad británica media no ve con buenos ojos la idea de una "conspiración". La propia palabra evoca un escenario teatral, con hombres envueltos en capas que se reúnen en una habitación a oscuras para planear la destrucción de sus enemigos e es. Sin embargo, las intrigas secretas, ocultas en su mayor parte tanto a los académicos como al público en general, han sido el telón de fondo o la fuerza motriz de gran parte de la historia mundial.

El mundo de la política está plagado de camarillas que se enfrentan entre sí, como se hace evidente cuando tomamos nota de las deficiencias que se producen en las versiones oficiales de la Conspiración de la Pólvora, el asesinato de Abraham Lincoln en 1865, el del archiduque Francisco Fernando de Austria en Sarajevo en 1914, el ahogamiento de Kitchener en 1916, el asesinato a tiros del presidente Kennedy en 1963, y, más cerca de nuestra época, el misterioso final del papa Juan Pablo I, que se tratará más adelante en este volumen.

4.

La Iglesia siempre ha sido blanco de los hombres antirreligiosos que ven en su existencia una amenaza para su progreso y sus planes. Y utilizo la palabra "siempre" deliberadamente, ya que las conspiraciones contra la Iglesia se remontan al año 58 d. C., en las palabras pronunciadas por San Pablo al pueblo de Éfeso (y Pablo, un fariseo instruido, cuando se trataba de advertir contra la subversión, sabía muy bien lo que decía): "Después de mi partida, vendrán entre vosotros lobos rapaces, que no perdonarán al rebaño; y de entre vosotros mismos se levantarán hombres que hablarán cosas perversas para arrastrar tras sí a los discípulos".

El impulso por dominar el mundo, ya sea por la fuerza de las armas, la cultura o la religión, es tan antiguo como la historia. Los primeros registros, sin tener en cuenta los mitos ni siquiera las leyendas, lo demuestran. Egipto, que fue el primero en dominar el pensamiento y la visión del Oriente, nunca fue un Estado puramente militar. Pero surgió una era belicosa (podemos fecharla alrededor del 910 a. C.) con "Asiria la Terrible". El auge de Babilonia, de corta duración, fue seguido por el de Persia, bajo Ciro el Grande. Luego llegó un nombre que nunca ha dejado de ser sinónimo de un vasto imperio y señorío del mundo conocido: Roma. Pero todos estos poderes, además de preocuparse por la conquista territorial, también pretendían imponer algún credo político o social, derrocar una creencia dominante y elevar otra, un proceso que los antiguos solían asociar con la influencia de los dioses.

La difusión de la herejía arriana, que dividió a la cristiandad a lo largo del siglo IV, se convierte en un hito. Presentaba todos los síntomas de la revolución, la anarquía, la traición y la intriga. Pero la causa subyacente no era política. Su motor era religioso, incluso teológico, ya que giraba en torno a una frase acuñada c e por Arrio, el sacerdote alejandrino que dio nombre al movimiento: "Debió de haber un tiempo en que Cristo no existía".

Esa denigración del ser y la naturaleza divinos de Cristo, si se hubiera llevado a su conclusión lógica, habría sumido al mundo centrado en Roma en un estado negativo en el que la Europa que conocemos no habría tenido futuro. Pero Roma sobrevivió, como lugar de veneración para algunos, como objetivo para otros; y lo que ahora recordamos como el mundo medieval estuvo lleno de repercusiones de la misma lucha.

Con la consolidación de Roma como poder papal, el objetivo se convirtió en una realidad más definida, con un propósito que nunca se puso en duda y que siempre fue el mismo, independientemente de la interpretación temporal o doméstica que se le diera.

Porque los ojos de los hombres, ya fuera en Francia, Italia, España, Inglaterra o Alemania, estaban puestos en la Silla de Pedro, un objeto de controversia que ha demostrado ser más poderoso que el oro en la mente.

Tal era la situación en Roma durante el primer cuarto del siglo XII, cuando dos familias rivales, los Pierleoni y los Frangipani, luchaban por el poder. Ambas eran ricas, los Pierleoni inmensamente; ninguna era demasiado escrupulosa; y cuando el papa Calixto II murió en 1124, ambas familias presentaron un candidato al trono papal. El candidato de los Pierleoni, Anacleto, "no gozaba de buena reputación, ni siquiera entre sus amigos". Sin embargo, logró imponerse a su rival, que contaba con el apoyo de los Frangipani.

El reinado de Anacleto fue breve y poco popular, pero se aferró peligrosamente al poder hasta su muerte en 1138, cuando fue declarado antipapa en favor de Inocencio II. Así fue como una camarilla organizada, aunque solo fuera por un breve periodo, se hizo con el control del Vaticano, donde instaló a "su hombre", una consumación deseada que figuraba en la mente de los conspiradores internacionales hasta que, en nuestra época, se hizo realidad.

Es curioso que el hombre esté más dispuesto a sufrir por ideas, por muy crudas que sean, que por causas positivas que afectan a su modo de vida; y cuando la perenne herejía del gnosticismo asomó la cabeza en la pequeña ciudad de Albi, en el sur de Francia, a principios del siglo XIII, los hombres acudieron a ella como antaño tenían que unirse a una cruzada contra l. Pero esta vez sus principios eran más extremos que los de cualquier guerrero cristiano. La materia fue declarada maligna, por lo que la muerte, que significaba el fin de la materia, se volvió más deseable que la vida. El suicidio, a menudo provocado por hombres que se mataban de hambre a sí mismos y a sus familias, era un privilegio y una bendición; y los cimientos mismos de la Iglesia, con el trono papal, se vieron mente sacudidos cuando cientos de clérigos, junto con otras tantas monjas, se pasaron al bando que tenía más connotaciones políticas y filosóficas de lo que parece en muchas historias de la época.

Fue una lucha a vida o muerte en la que la Iglesia, bajo el papa Inocencio III, reaccionó violentamente creando la Inquisición. Su objetivo era examinar a los albigenses que, bajo apariencia de ortodoxia, habían entrado en la Iglesia y ocupaban algunos de sus lugares más exaltados con el fin de socavar la autoridad y establecer, en todos los ámbitos, un sistema de propiedad común. La captura del papado era, por supuesto, su principal objetivo, aunque la mayoría de las historias de la época se centran más en el destino de aquellos que no recitaron correctamente el "Padre Nuestro" ante sus interrogadores.

La violencia y la crueldad de la guerra que se desató han dejado una huella imborrable en la historia. Los términos "albigenses" e "Inquisición" se emplean a menudo como argumentos útiles en una discusión. Pocos se dan cuenta del verdadero significado de la lucha que dejó el trono papal aún seguro, hasta ahora invulnerable, pero siempre, bajo diversas formas y desde cualquier parte de Europa, objeto de ataques.

A partir de ese momento, los ataques se hicieron más intensos y ganaron fuerza. En 1482, en Estrasburgo, adquirieron una nueva intensidad cuando los enemigos del Papa declararon su intención de declararle la guerra. Un documento fechado en 1535, conocido como la Carta de Colonia, es prueba de esa misma hostilidad, igualmente violenta. Los ecos de la campaña albigense, que seguían insistiendo en que la inexistencia era preferible a lo que sus seguidores llamaban el orden satánico de la vida terrenal, perduraron en un país tradicionalmente ortodoxo y nunca muy poblado como Portugal, donde la actividad continuada de la Inquisición fue tal que, entre las decenas de personas condenadas a muerte entre los años 1619 y 1627, había cincuenta y nueve sacerdotes y monjas.

Durante los últimos años del siglo XVIII, un joven recorría las calles de Ingolstadt, en Baviera, con odio en el corazón y una determinación inquebrantable en la mente. Su odio iba dirigido contra los jesuitas, la sociedad religiosa que lo había formado y convertido en profesor de Derecho Canónico en la universidad local, una sociedad que, por cierto, siempre ha sido un caldo de cultivo para casi todo tipo de santos y asesinos.

Su determinación, compartida en algún momento por muchos jóvenes serios, pero con demasiada frecuencia sin dedicación, era trabajar por el derrocamiento de la Iglesia y el Estado. Pero su determinación tenía raíces, y Adam Weishaupt (que así se llamaba) estaba ahora cosechando los beneficios de la Sociedad que había llegado a despreciar.

Porque el espíritu del primer jesuita, Ignacio de Loyola, había llegado incluso a los apóstatas entre sus seguidores. Ignacio había sido, como era habitual en su España natal, un caballero soldado. Había estado en el frente y había conocido el impacto del metal enemigo. Y Adam Weishaupt podía ver el panorama que se le presentaba con mente militar. Tenía empuje y visión. Conocía el valor de la sorpresa, que se basa en el secreto. Y era decidido. A su alrededor había conflictos de todo tipo y contradicciones. Quería unir a la humanidad en un todo, eliminar las tradiciones, que difieren de un pueblo a otro, y suprimir los dogmas, que invitan a más falsedades que las que pretenden establecer.

No era la primera vez, y desde luego no sería la última, que un hombre se apartaba de sus semejantes en nombre de la hermandad universal. El estado ideal que Weishaupt tenía en mente se basaba, por supuesto, en el sueño imposible de la perfección humana; de ahí que sus primeros seguidores se hicieran llamar, con arrogancia y pedantería, "perfectibilistas".

Pero pronto quedó claro que la impecabilidad moral era menos propicia para sus fines que la iluminación mental; y el 1 de mayo de 1776, la sociedad secreta que iba a influir profundamente en gran parte de la historia posterior vio la luz con el nombre de Illuminati. La fecha y algunas de sus implicaciones son dignas de mención. El 1 de mayo se celebraba la gran fiesta pagana celta de Beltane, , en colinas que, siempre que era posible, tenían forma piramidal.

Para entonces, los Illuminati, según un plan que habían dado a conocer en Múnich el año anterior, habían decidido adoptar una línea de conducta muy ambiciosa. Formarían y controlarían la opinión pública. Fusionarían las religiones disolviendo todas las diferencias de creencias y rituales que las habían mantenido separadas; y se harían con el papado y colocarían a uno de los suyos en la Silla de Pedro.

Otro proyecto era derrocar la monarquía francesa, que durante mucho tiempo había sido una poderosa influencia, solo superada por el papado, en el mantenimiento del orden europeo existente. Para ello se encontró un intermediario muy eficaz en la persona de Joseph Balsamo, más conocido como Cagliostro, uno de los artistas más ágiles del mundo en el escenario de la fantasía.

Contaba con el respaldo financiero, como la mayoría, si no todos, los líderes anarquistas, de un grupo de banqueros de la Casa Rothschild. Bajo su dirección se trazaron los planes a largo plazo y de alcance mundial de los Illuminati.

Las incursiones de Cagliostro en el ámbito de lo oculto le valieron diversos epítetos. Fue charlatán, astrólogo, poseedor del secreto de la eterna juventud y de la gran medicina universal. Pero su afirmación de estar poseído por una influencia de otro mundo puede que no fuera del todo falsa. Después de haber sobrevivido a las pruebas que lo convirtieron en un Illuminatus de pura cepa (la ceremonia tuvo lugar por la noche, en una cripta subterránea cerca de Fráncfort), viajó de país en país, en un carruaje barnizado de negro y decorado con símbolos mágicos, imponiendo sus artes a los círculos más influyentes, pero siempre con la mirada puesta en la corte francesa, donde pronto eligió a María Antonieta como su miembro más valioso y susceptible.

Cómo acabó sobrepasándose, al perpetrar la estafa del collar de diamantes,[2] forma parte del proceso preparatorio que condujo al estallido de la Revolución Francesa. Murió de forma miserable en Roma, pero no sin dejar una reputación que aún hoy plantea interrogantes y que es típica de los formidables efectos derivados del contacto con los Illuminati.

Como parte del secretismo que enmascaraba su fuerza, y quizás también por un deseo juvenil de reivindicar conexiones clásicas, los líderes de la Sociedad adoptaron nombres clásicos, en su mayoría procedentes de la mitología y la historia griegas o romanas. Adam Weishaupt se convirtió en Espartaco, el nombre del esclavo tracio que lideró una revuelta contra Roma. Su segundo al mando, el barón Knigge, eligió Filón, en honor al filósofo neoplatónico. El tosco Franz Zwackh eligió ser Catón, el estadista romano. El marqués Costanzo (pues los Illuminati se tomaban libertades con los títulos) se convirtió en Diomedes, uno de los líderes griegos en la guerra de Troya; mientras que un tal Francis Mary Arouet, de baja estatura, deforme y arrugado, se acuñó un nombre que estaba destinado a resonar en la conciencia popular como un trueno en miniatura: — Voltaire.

Es bastante habitual que el lector casual eche un vistazo, o incluso estudie, los nombres de quienes dirigieron la furia antiborbonica que se extendió por París y la mayor parte de Francia, sin darse cuenta de que gran parte de ella provenía de los Illuminati, cuyos miembros ocupaban puestos destacados en los efímeros comités y asambleas surgidos de la Revolución.

Mirabeau y Danton fueron dos de sus figuras casi gigantescas. El pequeño y elegante Robespierre aportaba la consistencia, y el tortuoso Fouché, la astucia instintiva de un cerebro frío como el

---

[2] Un complicado asunto que involucraba la pasión frustrada de un cardenal, suplantación de identidad y cartas falsificadas. Bien tratado por Hilaire Belloc en su libro sobre *María Antonieta*, quien se vio arrastrada por el escándalo.

hielo. Talleyrand sorteó con dificultad los obstáculos que resultaron fatales para hombres más activos. Camille Desmoulins mostraba una fe adolescente en sus compañeros. Los mariscales Murat, Massena, Bernadotte y Soult siguieron la dirección del sombrero bicornio de Napoleón y expulsaron a sus enemigos de un campo tras otro con un . Kellermann, tan pesado como su nombre, se mantuvo firme con sus botas y espuelas, a diferencia de Lafayette, que podía cambiar su uniforme real por el atuendo de un republicano o un diplomático. Todos ellos eran Illuminati. Algunos trabajaban a plena luz del día, como cómplices reales. Otros, como Desmoulins, eran entusiastas o incautos.

Su influencia no murió con ellos. Se transmitió, mucho después de que la guillotina dejara de utilizarse, y pudo reconocerse como el poder detrás del Directorio. Disminuyó durante el Consulado, pero volvió reforzada cuando Luis XVIII fue aupado al trono tras Waterloo, y desencadenó la Revolución de 1830, que supuso el fin de los Borbones, a quienes los Illuminati habían condenado a la ruina mucho tiempo antes.

5.

Los siniestros planes de Weishaupt y su sociedad se dieron a conocer al Gobierno bávaro como consecuencia de una tormenta en 1785.

Un antiguo sacerdote y secuaz de Weishaupt, llamado Joseph Lanz, había salido durante la tormenta para entregar un mensaje, cuando fue alcanzado por un rayo y murió. Su cuerpo fue llevado a la capilla de un convento benedictino, donde una monja, que lo preparaba para el entierro, encontró unos documentos cosidos en su ropa. Pronto quedó claro que su importancia iba mucho más allá del convento, y fueron entregados a las autoridades, que no dieron crédito al ver que esbozaban un complot para derrocar a la Iglesia y al Estado. Weishaupt fue expulsado de Baviera, pero rápidamente se recuperó gracias a la protección y la pensión que le concedió el príncipe de Sajonia-Gotha.

Cuando Weishaupt murió en 1830, la influencia de su sociedad se podía detectar en otros países además de Francia, aunque su funcionamiento era a veces indistinguible del del movimiento italiano más politizado, los Carbonari (carboneros). Esa sociedad había sido fundada por Maghella en Nápoles en la época del antiguo mariscal Murat, que había sido nombrado rey de Nápoles por Napoleón. Su objetivo declarado era expulsar a los extranjeros y establecer una constitución republicana.

La fuerza peculiar de estos organismos siempre ha sido su secretismo, que no se veía en absoluto afectado por los signos y símbolos que adoptaban. A veces tenían un significado oculto afectado, que pretendía ser impresionante, y esto les llevaba a menudo a introducir ritos de iniciación meramente pueriles, absurdos o incluso desagradables. Por ejemplo, había un círculo de Illuminati que persuadía a los candidatos a entrar en un baño de agua e —, es decir, tirando de ellos hacia la bañera con una cuerda atada a sus genitales. Y fue esta perversa obsesión sexual la que llevó a algunos de los discípulos de Weishaupt a someterse a la autocastración.

Pero algunos ritos y símbolos derivaban un significado innegable de lo que generalmente se denomina magia negra, o de la invocación de un poder satánico cuya potencia recorre como una siniestra estela las páginas de escritos bíblicos, legendarios e históricamente verificados.

"Por medio de símbolos", dijo Thomas Carlyle en *Sartor Resartus*, "el hombre es guiado y comandado, hecho feliz, hecho miserable. En todas partes se encuentra rodeado de símbolos, reconocidos como tales o no reconocidos".

Los Illuminati utilizaron una forma que probablemente ya era antigua cuando Egipto alcanzó su apogeo, la de una pirámide o triángulo, conocida desde hacía mucho tiempo por los iniciados como símbolo de la fe mística o solar. En la cima de esa pirámide, o a veces en su base, se encontraba, y de hecho todavía se encuentra, la imagen de un ojo humano separado, que ha sido denominado de diversas maneras como el ojo abierto de Lucifer, la estrella de la mañana o el eterno vigilante del mundo y de la escena humana.

La pirámide era uno de los símbolos que representaban a la deidad desconocida y sin nombre en los cultos precristianos. Siglos más tarde resurgió como símbolo de la destrucción de la Iglesia católica; y cuando se llevó a cabo la primera fase de esa destrucción, como veremos, por parte de aquellos que se habían infiltrado y ocupado algunos de los puestos más altos de la Iglesia, la reprodujeron como signo de su éxito.

Dominaba las multitudes que se reunieron para el Congreso Eucarístico de Filadelfia en 1976. Fue adoptado por los jesuitas que editaban el anuario de la Compañía y apareció en una serie de sellos del Vaticano emitidos en 1978.

El ojo, que se remonta a los adoradores de la luna babilónicos, o astrólogos, llegó a representar la trinidad egipcia de Osiris, el sol; Isis, la diosa de la luna; y su hijo, Horus. Isis también apareció en Atenas, Roma, Sicilia y otros centros de la antigüedad con diversos nombres, entre ellos Venus, Minerva, Diana, Cibeles, Ceres, Proserpina y Bellona. El ojo de la Sociedad de la Estrella pasó a figurar entre los símbolos solares místicos de Júpiter, Baal y Apolo.

No había nada vacío ni infantil en la afirmación de la Sociedad de que sus miembros, como lo demostraba el Ojo, estaban bajo vigilancia constante. "Se entiende", decía un dictado de la Sociedad, "que cualquiera que revele nuestros secretos, ya sea voluntaria o involuntariamente, firma su propia sentencia de muerte".

Y esas palabras se han cumplido una y otra vez. Uno de los primeros en dar un ejemplo de ello fue un francés llamado Lescure, cuyo hijo había desempeñado un papel destacado durante un breve periodo de tiempo en la Revolución. Lescure padre fue admitido en el culto del Ojo y la pirámide. Pero pronto se arrepintió, se negó a asistir a sus reuniones, fue considerado un posible peligro para sus antiguos hermanos y murió repentinamente envenenado. En sus últimos momentos de lucidez, culpó de su muerte a "esa horda impía de los Illuminati".

6.

Ya se ha mencionado a los carbonarios, cuyo Directorio Supremo, conocido como *Alta Vendita*,[3] se convirtió en una especie de núcleo de todas las sociedades secretas extendidas por Italia. En su organización e intenciones era muy similar a los Illuminati. Sus líderes adoptaron apodos caprichosos similares (como Pequeño Tigre, Nubius, Vindex, Minos) y mostraban la misma hostilidad implacable hacia la Iglesia y el Estado.

Esto quedó claramente esbozado en un conjunto de *Instrucciones Permanentes*, o Código de Normas, que apareció en Italia en 1818. Fue escrito por Nubius y estaba dirigido a un compañero conspirador llamado Volpi, con sugerencias de directrices y noticias de lo que se había logrado hasta entonces.

Nubius, que parece haber sido un hombre de rango en Roma, comienza con una modesta valoración de la nada desdeñable tarea que se le había encomendado. "Como te dije antes, he sido designado para desmoralizar la educación de la juventud de la Iglesia". Pero no ignoraba el obstáculo más difícil al que tendría que enfrentarse. Quedaba un gran problema. "El papado siempre ha ejercido una influencia decisiva sobre Italia. Con el brazo, la voz y la pluma de sus innumerables obispos, monjes, monjas y fieles de todas las latitudes, el Papa encuentra en todas partes personas dispuestas al sacrificio, incluso al martirio, amigos que morirían por él o sacrificarían todo por su causa.

---

[3] Literalmente, la "tienda vieja" o la "venta vieja". Las reuniones de sociedades secretas solían disfrazarse de subastas para evitar sospechas.

Es una palanca poderosa, cuyo pleno poder pocos papas han comprendido y que aún no se ha utilizado más que parcialmente...

Nuestro objetivo final es el de Voltaire y el de la Revolución Francesa —: la aniquilación completa del catolicismo y, en última instancia, del cristianismo. Si el cristianismo sobreviviera, aunque fuera sobre las ruinas de Roma, poco después resurgiría y volvería a vivir.

No prestéis atención a esos franceses jactanciosos y vanidosos, a esos alemanes obtusos y a esos ingleses hipocondríacos, que creen posible acabar con el catolicismo con una canción obscena o con un sarcasmo despreciable. El catolicismo tiene una vitalidad que sobrevive fácilmente a tales ataques. Ha visto adversarios más implacables y mucho más terribles, y a veces ha disfrutado con malicia bautizando con agua bendita a los más rabiosos de entre ellos.

"Por lo tanto, el papado ha estado entretejido con la historia de Italia durante mil setecientos años. Italia no puede respirar ni moverse sin el permiso del Sumo Pontífice. Con él, tiene los cien brazos de Briareo; sin él, está condenada a una lamentable impotencia. Tal estado de cosas no debe continuar. Es necesario buscar un remedio.

Muy bien. El remedio está al alcance de la mano. El Papa, sea quien sea, nunca entrará en una sociedad secreta. Por lo tanto, es deber de las sociedades secretas dar el primer paso hacia la Iglesia y hacia el Papa, con el objetivo de conquistar a ambos. La labor para la que nos preparamos no es obra de un día, ni de un mes, ni de un año. Puede durar muchos años, tal vez un siglo. En nuestras filas mueren los soldados, pero la labor continúa.

"Por el momento no pretendemos ganar al Papa para nuestra causa. Lo que debemos esperar, como los judíos esperan al Mesías, es un Papa acorde con nuestros deseos. Necesitamos un Papa para nosotros, si tal Papa fuera posible. Con él marcharemos con más seguridad hacia el asalto de la Iglesia que con todos los libritos de nuestros hermanos franceses e ingleses. ¿Y por qué?

Porque sería inútil intentar con ellos solos dividir la roca sobre la que Dios ha construido la Iglesia. No necesitaríamos el vinagre e e de Aníbal,[4] ni la pólvora, ni siquiera nuestras armas, si tuviéramos el meñique del sucesor de Pedro involucrado en la conspiración; ese meñique nos serviría más para nuestra cruzada que todos los Urbano y San Bernardo para la cruzada del cristianismo.

"Confiamos en que aún podamos alcanzar este objetivo supremo de nuestros esfuerzos. Poco se puede hacer con los viejos cardenales y con prelados de carácter decidido. En nuestras revistas, ya sean populares o impopulares, debemos encontrar los medios para utilizar o ridiculizar el poder que tienen en sus manos. Hay que difundir con tacto entre las buenas familias cristianas un informe bien elaborado.

Por ejemplo, tal cardenal es un avaro; tal prelado es licencioso. Estas cosas se difundirán rápidamente en los cafés, de ahí a las plazas, y a veces basta un solo informe para arruinar a un hombre.

"Si un prelado llega a una provincia desde Roma para oficiar en alguna función pública, es necesario conocer de inmediato su carácter, sus antecedentes, su temperamento, sus defectos — mente sus defectos. Dale un carácter que horrorice a los jóvenes y a las mujeres; descríbelo como cruel, despiadado o sanguinario; relata alguna acción atroz que cause sensación entre la gente. Los periódicos extranjeros se enterarán y copiarán estos hechos, que sabrán adornar según su estilo habitual...".

---

[4] Los historiadores antiguos consideraban que los pasos alpinos eran demasiado estrechos para permitir el paso del ejército de Aníbal, con sus elefantes, y que este debió de utilizar vinagre caliente para partir la roca.

7.

Aparte de las indicaciones anteriores, el objetivo principal de la conspiración, que era hacerse con el control del papado, había sido revelado en Florencia por un opositor de las sociedades secretas llamado Simonini, que llevó la noticia de sus intenciones a Pío VII.

Pero la Iglesia poco más podía hacer en defensa propia que lanzar advertencias, mientras los carbonarios, reforzados por las declaraciones positivas de la *Alta Vendita*, presionaban con sus ataques.

Pocos años después de la publicación de ese documento, el Pequeño Tigre se dirigió al grupo piamontés de la sociedad en los siguientes términos: "El catolicismo debe ser destruido en todo el mundo. Merodead por el redil católico y apresad al primer cordero que se presente en las condiciones requeridas. Id incluso a las profundidades de los conventos. En pocos años, el clero joven habrá invadido, por la fuerza de los acontecimientos, todas las funciones. Gobernará, administrará y juzgará.

Se les pedirá que elijan al pontífice que reinará; y el pontífice, como la mayor parte de sus contemporáneos, estará necesariamente imbuido de los principios que estamos a punto de poner en circulación.

"Es un pequeño grano de mostaza lo que pondremos en la tierra, pero el sol de la justicia lo desarrollará hasta convertirlo en un gran poder, y un día veréis qué rica cosecha producirá esa pequeña semilla".

La política de infiltración ya se había puesto en marcha, y Little Tiger pronto afirmó que se había formado una nueva generación de sacerdotes, jóvenes talentosos con posibilidades de ascender en la jerarquía, para tomar el control y destruir la Iglesia. Y no eran palabras vanas, ya que en 1824 le decía a Nubius: "Hay ciertos miembros del clero, especialmente en Roma, que han mordido el anzuelo, el sedal y el plomo".

La persistencia, la minuciosidad y la determinación de las sociedades, que entonces como ahora no se encontraban fuera de ellas, nunca se pusieron en duda. "Dejad que el clero marche bajo vuestra bandera creyendo que marcha bajo la bandera de las Llaves Apostólicas. No temáis infiltraros en las comunidades religiosas, en medio de su propio rebaño.

Que nuestros agentes estudien con cuidado al personal de esas cofradías, los pongan bajo la batuta pastoral de algún sacerdote virtuoso, bien conocido pero crédulo y fácil de engañar. Luego infiltren el veneno en esos corazones elegidos; infíltrenlo en pequeñas dosis, como por casualidad".

A esto siguió rápidamente una evaluación optimista de los avances que las sociedades ya habían logrado. "En Italia, cuentan entre sus filas con más de ochocientos sacerdotes, entre los que se encuentran muchos profesores y prelados, así como algunos obispos y cardenales". Se afirmaba que muchos clérigos españoles también estaban involucrados.

Pero, como repetía constantemente Nubius, todas las victorias provisionales serían vanas hasta que un papa que formara parte de su plan definitivo ocupara la Sede de Pedro. "Cuando eso se logre", escribió en 1843, "habréis establecido una revolución liderada por la tiara y la capa pluvial (ceremonial); una revolución llevada a cabo con poca fuerza, pero que encenderá una llama en los cuatro rincones del mundo".

Se respiraba un aire de cambio, un cambio que se extendería más allá de los límites de la Iglesia y transformaría muchas facetas de la existencia. Little Tiger lo resumió con esperanza a Nubius en 1846: "Todos sienten que el viejo mundo se está resquebrajando". Y debía de estar al tanto de los acontecimientos, porque dos años más tarde, un selecto grupo de iniciados secretos que se hacían llamar la Liga de los Doce Justos de los Illuminati financió a Karl Marx para que escribiera el

Manifiesto Comunista, y en cuestión de meses Europa se vio sacudida por la revolución.

Pero Nubius no vivió lo suficiente para disfrutar de los beneficios que podrían haber surgido. Activado por rumores, verdaderos o falsos, de que estaba hablando demasiado, el ojo que todo lo ve se volvió en su dirección y Nubius sucumbió a una dosis de veneno.

Nosotros, los de esta generación, hemos vivido y seguimos viviendo las secuelas políticas y religiosas de una lucha cuyas causas se ocultaron a quienes presenciaron sus primeras etapas, al igual que se nos ocultan a nosotros, que avanzamos a tientas por sus fases secundarias. Porque sus autores y sus operaciones están enmascarados por el secreto, un secreto tan continuo y profundo que no tiene parangón en ningún otro lugar.

Cuando el autor francés Cretineau-Joly señaló al papa Pío IX (1846-1878) la siniestra importancia de La *Alta Vendita*, quien permitió que su nombre se utilizara como garantía de su autoridad, el acontecimiento, que debería haber sido anunciado con fanfarria de trompetas de plata, quedó ahogado por los silbidos mezquinos de la verborrea y la hipocresía parlamentarias. Y cuando Adolphe Cremieux, ministro de Justicia, según se informó en *Les Archives*, París, en noviembre de 1861, expresó el precepto de que "las nacionalidades deben desaparecer, la religión debe ser suprimida", los círculos que enmarcaban tales declaraciones vieron que nunca se difundieron como pronósticos de una condición que clamaría por una aceptación generalizada en menos de un siglo.

Una vez más, un lector de *The Times*, en la Inglaterra victoriana, habría notado, tal vez con un rechazo insular hacia todo lo latino, los disturbios que estallaban de vez en cuando en España, Portugal, Nápoles y los Estados Pontificios. Al buscar una explicación, la palabra "dagos" podría haberle venido a la mente. Pero una cosa es segura. Nunca habría pensado que el hombre que ideó la agitación no era otro que Lord Palmerston, que fue ministro de Asuntos Exteriores de la Reina entre los años 1830 y 1851, primer ministro en 1855 y de nuevo en 1859 hasta su muerte en 1865.

Porque, detrás de esos títulos parlamentarios, sus compañeros conspiradores lo conocían como el Gran Patriarca de los Illuminati y, por lo tanto, controlador de todo el siniestro complejo de sociedades secretas. Echemos un vistazo a algunos de sus planes políticos — : la unificación de Italia bajo la Casa de Saboya; la anexión del territorio papal ; la reconstitución de un Estado polaco; la privación de Austria y el consiguiente auge del Imperio alemán.

Cada uno de esos objetivos, independientemente del momento, fue incluido en la agenda de los Illuminati. Todos ellos se han alcanzado; y Benjamin Disraeli, que conocía todo el asunto de la conspiración y la contraconspiración, sin duda tenía en mente las maquinaciones de Palmerston cuando dijo, en 1876: "Los gobiernos de este país tienen que lidiar no solo con gobiernos, reyes y ministros, sino también con sociedades secretas, elementos que deben tenerse en cuenta, que en el último momento pueden echar por tierra todos los planes, que tienen agentes en todas partes, que incitan a los asesinatos y que, si es necesario, pueden provocar una masacre".

Los líderes de la Revolución Italiana, Mazzini, Garibaldi y Cavour, eran siervos del Ojo, mientras que monarcas de la época como Víctor Manuel II y Napoleón III también entraban en su radio de acción.

Durante el resto del siglo, el ataque a la ortodoxia cobró fuerza. En 1881, el primer ministro de Francia, León Gambetta, pudo declarar abiertamente: "El clericalismo es el enemigo". Un orador más popular gritó: "Escupo sobre el cadáver putrefacto del papado". Y ese mismo año se pusieron de manifiesto las hostilidades que estaban a punto de estallar en los lugares más insospechados del continente. Cuando el cuerpo de Pío IX era trasladado de la basílica vaticana a la iglesia de San Lorenzo d — , en las afueras de las murallas, el cortejo fue atacado por una turba armada con garrotes. En medio de gritos obscenos, se desató una batalla callejera antes de que el cuerpo del papa fallecido pudiera ser salvado de ser arrojado al Tíber. Las autoridades, que se pusieron del lado de los alborotadores, no tomaron ninguna medida.

Así, de esa manera, y por muchos caminos tortuosos, continuaron las contiendas de los primeros tiempos del cristianismo y de la Edad Media. Pero ahora los enemigos de la Iglesia estaban cambiando sus ataques de la guerra abierta a la penetración pacífica, más acorde con el espíritu de la época.

"Lo que hemos emprendido", proclamó el marqués de la Franquerie a mediados del siglo pasado, "es la corrupción de un pueblo e e por parte del clero, y la del clero por parte nuestra, la corrupción que nos lleva a cavar la tumba de la Iglesia".

Una predicción aún más segura, y con un nuevo matiz, se hizo unos sesenta años más tarde: "Satanás debe reinar en el Vaticano. El Papa será su esclavo". La confirmación de esto, y con palabras muy similares, se daría en una revelación recibida por tres niños analfabetos de diez, ocho y siete años, respectivamente, en la pequeña ciudad de Fátima, en Portugal, en 1917. Tomó la forma de una advertencia que, en aquel momento, parecía francamente ridícula: "Satanás reinará incluso en los lugares más altos. Llegará incluso a ocupar el puesto más alto de la Iglesia".

Algunos indicios de los proyectos proféticos o cuidadosamente planificados de las sociedades secretas pueden leerse en una carta dirigida a Mazzini, fechada el 15 de abril de 1871 y catalogada en la Biblioteca del Museo Británico. En aquella época, las guerras se libraban a una escala relativamente pequeña y limitada, pero esta carta, escrita más de cuarenta años antes del inicio del primer conflicto mundial, puede interpretarse como un pronóstico de la Segunda Guerra Mundial, junto con más posibles indicios de una tercera catástrofe aún mayor que está por llegar. He aquí una cita:

"Desataremos a los nihilistas y ateos, y provocaremos una catástrofe social formidable que, en todo su horror, mostrará claramente a las naciones el efecto del ateísmo absoluto, la barbarie original y la agitación más sangrienta.

Entonces, en todas partes, los ciudadanos, obligados a defenderse de la mayoría de los revolucionarios mundiales, exterminarán a los destructores de las civilizaciones; y la multitud, desilusionada del cristianismo, cuyos espíritus deístas se encontrarán desde entonces sin brújula, ansiosos de un ideal, pero sin saber dónde rendir su adoración, recibirá la verdadera luz a través de la manifestación universal de la doctrina pura de Lucifer, finalmente revelada al público, una manifestación que será el resultado del movimiento revolucionario general que seguirá a la destrucción del cristianismo y del ateísmo, conquistados y exterminados al mismo tiempo".

En el texto anterior se utiliza un término que, a lo largo de estas páginas, puede requerir una aclaración. Hay que entender que los enemigos de la Iglesia no eran ateos en el sentido comúnmente aceptado. Rechazaban la religión representada por el Dios cristiano, al que se refieren como Adonay, un ser que, según ellos, ha condenado a la raza humana a un ciclo recurrente de sufrimiento y oscuridad.

Pero su inteligencia les exige reconocer a un dios, y lo encontraron en Lucifer, hijo de la mañana y portador de la luz, el más brillante de los arcángeles que lideró la revolución celestial en un intento por igualarse a Dios.

El credo luciferino, muy desarrollado, hasta el final de la guerra de 1939, se dirigía a todo el mundo desde un centro en Suiza. Desde entonces, su sede se encuentra en el edificio Harold Pratt, en Nueva York.

Pero aunque se puedan nombrar esos lugares, el velo de secreto que rodea al círculo íntimo del gobierno mundial nunca se ha roto. Nada en el mundo ha permanecido tan oculto, tan intacto; y la existencia de ese círculo íntimo fue reconocida por nada menos que Mazzini, quien, aunque era uno de los archiconspiradores, se vio obligado a admitir, en una carta escrita poco antes de su muerte al doctor Breidenstine: "Formamos una asociación de hermanos en todos los puntos del globo. Sin embargo, hay alguien invisible que apenas se percibe, pero que pesa sobre nosotros. ¿De dónde viene? ¿Dónde está? Nadie lo sabe, o al menos nadie habla. Esta asociación es secreta incluso para nosotros, los veteranos de las sociedades secretas".

La revista *The Voice*, dedicada a la hermandad universal, publicada por primera vez en Inglaterra en 1973 y posteriormente trasladada a Somerset West, en la provincia del Cabo, Sudáfrica, dice lo siguiente al respecto: "Los Hermanos Mayores de la Raza suelen moverse por el mundo de forma desconocida. No buscan reconocimiento, prefieren servir entre bastidores".

En su citado libro *1984*, George Orwell se refiere a este partido interno, o hermandad universal, y a cómo, aparte de su secretismo, el hecho de no ser una organización en el sentido habitual la hace invulnerable. Mientras que Sir Winston Churchill, en su estudio de *los Grandes Contemporáneos de la Gran Bretaña* , dice: "Una vez que el aparato del poder está en manos de la Hermandad, toda oposición, toda opinión contraria, debe ser extinguida por la muerte".

Y hay suficientes muertes extrañas registradas incluso en estas páginas como para hacer reflexionar sobre ello.

8.

La introducción de Satanás como un elemento nuevo en la lucha tuvo menos repercusión en la heterodoxa Inglaterra que en el continente. Allí, la creencia en el poder positivo del mal y los casos de posesión diabólica no siempre se consideraban fantasías. Lo que había ocurrido en el convento de las Ursulinas de Louviers, en Normandía, y en otro convento (también de las Ursulinas) en Aix-en-Provence, en la región de Marsella, ambos en el siglo XVII, aún podía inspirar miradas nerviosas por encima del hombro.

En Louviers, jóvenes monjas y novicias habían asistido a misas negras en las que se consagraba la hostia sobre las partes íntimas de una mujer tendida sobre el altar. A continuación, se introducían trozos de la hostia en dichas partes. Uno de los frailes franciscanos que prestaba servicio en el convento traficaba con filtros de amor elaborados con la hostia sacramental mojada en sangre menstrual y de bebés asesinados.

En el otro convento, una joven se retorcía en el suelo, exponiendo todas las partes de su cuerpo y gritando obscenidades relacionadas con la sodomía y el canibalismo. Otros miembros de la comunidad afirmaban que sus mentes y sus cuerpos estaban siendo atormentados por Belcebú, el demonio adorado por los filisteos, el llamado Señor de las Moscas porque aparecía cubierto de sangre de sacrificios que atraía a hordas de insectos voladores. En ambos casos, la influencia maligna se atribuyó a sacerdotes inspirados por Satanás, que perecieron en la hoguera. Parte de las pruebas, en el juicio de uno de ellos, fue un pacto con Satanás firmado con la sangre del sacerdote.

Más tarde, en el mismo siglo, el abate Guibourg celebró el mismo tipo de rito religioso simulado, a veces con la ayuda de Madame de Montespan, una de las amantes en decadencia de Luis XIV, que participó con la esperanza de reavivar la pasión del rey por ella. Una vez más, la sangre de un niño asesinado y la de un murciélago se mezclaron c mente con el esperma del sacerdote oficiante para potenciar el vino sacramental.

Era habitual que el falso celebrante vistiera en tales ocasiones una túnica cardenalicia. Sobre el altar había velas negras.

La cruz estaba a la vista, pero invertida, y había imágenes que mostraban un crucifijo pisoteado por una cabra. Una estrella, una luna negra y una serpiente figuraban en pinturas eróticas alrededor de las paredes, y el único nombre que se pronunciaba con reverencia era el de Lucifer. Los iniciados recibían con frecuencia la comunión en una iglesia debidamente constituida, pero solo para llevarse la hostia en la boca y luego dársela a comer a animales y ratones.

En 1895 se creó en Roma un típico centro de magia negra, o templo de Satanás. Un grupo de personas interesadas, curiosas por conocer su significado, lograron de alguna manera penetrar un poco más allá de su umbral, y lo que vieron fue descrito por uno de ellos, Domenico Margiotta:[5] "Las paredes laterales estaban cubiertas con magníficas cortinas de damasco rojo y negro.[6] En el extremo más alejado había un gran tapiz en el que se veía la figura de Satanás, a cuyos pies había un altar.

Aquí y allá había triángulos, cuadrados y otros signos simbólicos. Alrededor había sillas doradas. Cada una de ellas, en la moldura que formaba el respaldo, tenía un ojo de cristal, cuyo interior estaba iluminado por electricidad, mientras que en el centro del templo se alzaba un curioso trono, el del Gran Pontífice Satánico". Algo en la atmósfera silenciosa de la sala los aterrorizó, y salieron más rápido de lo que habían entrado.

Con el resurgimiento de los Illuminati, incluso en lugares tan lejanos como Rusia, había indicios de que su influencia había

---

[5] *La Croix du Dauphiné*, 1895.

[6] Colores que se mencionan con frecuencia a lo largo de este libro, especialmente en la iniciación del papa Juan XXIII.

penetrado en las altas esferas de la Iglesia. Lo había hecho en la persona del cardenal Mariano Rampolla (1843-1913), una de esas figuras significativas, aunque e es, sombrías y en gran parte desconocidas, que solo se encuentran en las páginas secretamente siniestras de la historia del Vaticano.

Nacido en Sicilia y de mentalidad liberal, entró al servicio del Papa durante el pontificado de León XIII y fue secretario de Propaganda antes de convertirse en secretario de Estado.

Un inglés que afirmaba haberlo conocido y haberlo iniciado en el ocultismo era Aleister Crowley, nacido en 1875 en la entonces decadente ciudad de Leamington, y que, tras pasar por Cambridge, se convirtió en una de las figuras más controvertidas del mundo del misterio. Las personas inteligentes aún se preguntan si era un maestro de las artes negras, un aficionado a ellas o simplemente un farsante. Somerset Maugham, que lo conocía bien, opinaba que Crowley era un farsante, "pero no del todo".

Sin duda, como demuestran sus escritos, era un maestro de la corrupción. Lo que, siendo generosos, podríamos llamar sus aspiraciones espirituales estaban atenuadas por un sensualismo descarado. Era a través de la carne como su ser se lanzaba a abrazar el misterio. Las imágenes que pasaban por su mente salían deformadas, a menudo con connotaciones sexuales; y, como otros de su clase que vagan en la frontera de lo desconocido, encontraba consuelo refugiándose tras una variedad de nombres fantásticos como Therion, conde Vladimir Svaroff, príncipe Chiva Khan, el Laird de Boleskin, un título al que intentó hacer honor vistiendo una falda escocesa. Para su madre, él era la Gran Bestia (del Apocalipsis). Crowley respondió llamándola intolerante sin cerebro.

Limando sus dos caninos, los convirtió en colmillos, lo que le permitía dar un beso de vampiro en el cuello o la muñeca de cualquier mujer que tuviera la mala suerte de cruzarse en su camino. Se casó con Rose Kelly, hermana del pintor Sir Gerald, que más tarde se convirtió en presidente de la Royal Academy.

Ella era una criatura débil y subnormal, que evidentemente podía pasar por alto su agradable costumbre de colgar a su amante boca abajo por los talones en un armario, al igual que podía estar de acuerdo con los e es nombres que él le puso a su hija, I Nuit Ahotoor Hecate Sappho Jezebel Lilith.

Independientemente de que existiera o no una conexión definitiva entre Rampolla y Crowley, el ascenso constante del cardenal en la jerarquía ofrecía un sólido contraste con la inútil preocupación de Crowley por las sociedades de la Golden Dawn y los Templarios Orientales, a las que estaban afiliados organismos como los Caballeros del Espíritu Santo, la Iglesia Oculta del Santo Grial, la Hermandad Hermética de la Luz, la Orden de Enoc, el Rito de Menfis y el Rito de Mizraim.

Cuando León XIII murió en 1903 y se convocó un cónclave para elegir a su sucesor, Rampolla era conocido por ser uno de los principales candidatos. Su rival más cercano era el patriarca de Venecia, el cardenal Sarto, una figura menos impresionante, a juicio del mundo, pero con un aura de bondad, o incluso de santidad natural, de la que carecía Rampolla.

En la primera votación, obtuvo veinticinco votos a favor, mientras que Sarto solo obtuvo cinco. A medida que avanzaba la votación, este último aumentaba constantemente su posición, pero Rampolla seguía adelante. Eso parecía haber establecido el patrón de la votación y, como para acelerar su resultado obvio, el ministro de Asuntos Exteriores francés tomó la inusual medida de pedir a sus compatriotas entre los cardenales que respaldaran a Rampolla.

¿Se estaban moviendo hilos ocultos? Es casi seguro que sí. Pero si fue así, los oponentes del siciliano, que quizá sabían que era sospechoso de pertenecer a los Illuminati, presentaron en el último momento una objeción que frustró su pretensión. Los emperadores de Austria, que aún eran reconocidos como legítimos herederos del inexistente Sacro Imperio Romano Germánico, habían sido investidos con el derecho hereditario de vetar a los candidatos al trono papal que consideraran inaceptables.

Ese veto fue expresado por el cardenal de Cracovia (una ciudad que entonces pertenecía a Austria), en nombre del emperador Francisco José de Austria. Algunos dijeron que era el veto del Espíritu Santo. Las esperanzas de Rampolla se desvanecieron y la opinión del cónclave, e , se decantó a favor de su rival más cercano, Sarto, que se convirtió en el papa Pío X.

Pero no se creía en general que el veto expresado por el "muy católico" emperador de Austria fuera el único responsable de impedir el camino a Rampolla, aunque este nunca volvió a desempeñar ningún papel influyente en Roma después del cónclave.

Tras su muerte, los documentos de Rampolla pasaron a manos de Pío X. Tras leerlos, los dejó a un lado con el comentario: "¡Pobre hombre! Quémalos". Los documentos fueron arrojados al fuego en presencia del Papa, pero se conservaron suficientes como para proporcionar material para un artículo que apareció en *La Libre Parole*, en 1929, en Toulouse.

Algunos de los documentos procedían de una sociedad secreta, la Orden del Templo de Oriente, y proporcionaban pruebas de que Rampolla había estado trabajando para derrocar a la Iglesia y al Estado. Un cuaderno, descubierto al mismo tiempo, arroja una luz sorprendente sobre la posible conexión con Aleister Crowley, ya que varias de las sociedades afiliadas al Templo de Oriente eran las que ya se han mencionado, como la Iglesia Oculta del Santo Grial y el Rito de Mizraim, en todas las cuales Crowley ejerció una gran o pequeña influencia.

Así pues, es posible que en los últimos días de la paz mundial las sociedades secretas estuvieran a punto de alcanzar, a través de Rampolla, su objetivo centenario (la destrucción de la Iglesia y el Estado), reclamando un Papa propio.

9.

El caos creciente y la sustitución de los valores tradicionales por los de un nuevo orden, que fueron los efectos tangibles de la guerra de 1914, fueron aprovechados como oportunidades favorables por aquellos que nunca dejaron de considerar a la Iglesia como su gran enemigo. A principios de 1936 se celebró en París una convención de sociedades secretas y, aunque la asistencia estaba estrictamente limitada a "los iniciados", algunos observadores ingleses y franceses lograron estar presentes. Sus relatos de la reunión aparecieron en la *Catholic Gazette* de febrero de 1936 y, unas semanas más tarde, en *Le Réveil du Peuple*, un semanario parisino.

Nadie pudo dejar de notar cuán estrechamente se correspondían los sentimientos y los temas tratados allí con los planteados por Nubius y en *Alta Vendita* más de un siglo antes. Lo que sigue es una copia ligeramente abreviada de la versión inglesa:

"Mientras siga existiendo una concepción moral del orden social y hasta que se erradiquen por completo la fe, el patriotismo y la dignidad, nuestro reinado sobre el mundo no llegará. Ya hemos cumplido parte de nuestra labor, pero no podemos afirmar que todo nuestro trabajo esté hecho. Todavía nos queda un largo camino por recorrer antes de poder derrocar a nuestro principal adversario, la Iglesia católica.

Debemos tener siempre presente que la Iglesia católica es la única institución que se ha mantenido en pie y que, mientras siga existiendo, se interpondrá en nuestro camino. La Iglesia católica, con su labor metódica y sus edificantes enseñanzas morales, mantendrá siempre a sus hijos en un estado mental que les impedirá ceder a nuestro dominio. Por eso nos hemos esforzado por descubrir la mejor manera de sacudir los cimientos de la Iglesia católica. Hemos difundido el espíritu de la rebelión y el falso liberalismo entre las naciones para apartarlas de su fe e incluso hacer que se avergüencen de profesar los preceptos de su religión y obedecer los mandamientos de su Iglesia.

"Hemos llevado a muchos de ellos a jactarse de ser ateos y, más aún, a gloriarse de ser descendientes del simio.

Les hemos dado nuevas teorías, imposibles de realizar, como el comunismo, el anarquismo y el socialismo, que ahora sirven a nuestros propósitos. Las han aceptado con el mayor entusiasmo, sin darse cuenta de que esas teorías son nuestras y que constituyen el instrumento más poderoso contra ellos mismos.

Hemos difamado a la Iglesia católica con las calumnias más ignominiosas, hemos mancillado su historia y deshonrado incluso sus actividades más nobles. Le hemos atribuido las injusticias de sus enemigos y hemos conseguido que estos se acerquen más a nosotros. Tanto es así que ahora estamos presenciando, con nuestra mayor satisfacción, rebeliones contra la Iglesia en varios países. Hemos convertido a su clero en objeto de odio y escarnio, lo hemos sometido al odio de la multitud. Hemos hecho que la práctica de la religión católica se considere anticuada y una mera pérdida de tiempo. Hemos fundado muchas asociaciones secretas que trabajan para nuestro propósito, bajo nuestras órdenes y nuestras instrucciones.

Hasta ahora hemos considerado nuestra estrategia en nuestros ataques contra la Iglesia desde el exterior. Pero eso no es todo. Expliquemos cómo hemos ido más allá en nuestra labor para acelerar la ruina de la Iglesia católica, y cómo hemos penetrado en sus círculos más íntimos, y hemos llevado incluso a algunos de sus clérigos a ser pioneros de nuestra causa:

"Aparte de la influencia de nuestra filosofía, hemos tomado otras medidas para asegurar una brecha en la Iglesia católica. Permítanme explicar cómo lo hemos hecho. Hemos inducido a algunos de nuestros hijos a unirse al cuerpo católico con la intención explícita de que trabajen de una manera aún más eficaz para la desintegración de la Iglesia católica, creando escándalos dentro de ella.

"Estamos agradecidos a los protestantes por su lealtad a nuestros deseos, aunque la mayoría de ellos, en la sinceridad de su fe, no son conscientes de su lealtad hacia nosotros. Les estamos agradecidos por la maravillosa ayuda que nos están prestando en nuestra lucha contra el bastión de la civilización cristiana y en nuestros preparativos para la llegada de nuestra supremacía sobre el mundo entero.

Hasta ahora hemos logrado derrocar la mayoría de los tronos de Europa. El resto seguirá en un futuro próximo.

Rusia ya ha rendido culto a nuestro dominio. Francia está bajo nuestro control. Inglaterra, dependiente de nuestras finanzas, está bajo nuestro yugo; y su protestantismo es nuestra mejor esperanza para la destrucción de la Iglesia católica. España y México no son más que juguetes en nuestras manos. Y muchos otros países, incluidos los Estados Unidos de América, ya han caído ante nuestras intrigas.

"Pero la Iglesia católica sigue viva. Debemos destruirla sin la menor demora y sin la más mínima piedad.

La mayor parte de la prensa mundial está bajo nuestro control. Intensifiquemos nuestras actividades. Difundamos el espíritu revolucionario en la mente de los pueblos.

Hay que hacerles despreciar el patriotismo y el amor a su familia, considerar su fe como una farsa y su obediencia a la Iglesia como una servidumbre degradante, para que se vuelvan sordos a la llamada de la Iglesia y ciegos a sus advertencias contra nosotros. Hagamos, sobre todo, imposible que los cristianos fuera de la Iglesia católica se reúnan con ella, o que los no cristianos se unan a la Iglesia; de lo contrario, nuestro dominio sobre ellos nunca se realizará".

Segunda parte

> *Nuestro mundo moral y político está minado de pasadizos, sótanos y cloacas.*
>
> Goethe.

El pontificado de Pío XII (1939-58) encontró a la Iglesia en una situación muy floreciente. Estaba ejerciendo su legítimo efecto sobre el mundo occidental. Cada vez más personas adquirían una comprensión más plena, o al menos un atisbo, del ideal católico. En Inglaterra, se decía que una media de diez mil personas al año, y en Estados Unidos unas setenta mil en un solo año, se habían "pasado" a Roma; y entre estos conversos no eran pocos los que podían clasificarse como prominentes en diversos ámbitos de la vida.

A veces, casas enteras de religiosos anglicanos, que habían favorecido las prácticas de la Alta Iglesia, seguían su ejemplo. El número récord de personas que se formaban para ser sacerdotes y monjas era prometedor para el futuro de la Iglesia. La ola de oposición resultante de la Reforma estaba cambiando. Los signos del renacimiento católico se extendían por un lugar de lo más inesperado: el mundo angloparlante.

Curiosamente, todo ello coincidió con el auge del comunismo y el colapso generalizado de los valores morales y sociales que siguió a la guerra de 1939. Durante esa guerra, que dejó al comunismo en ascenso, el Vaticano había sido uno de los pocos centros completamente neutrales del mundo, lo que le valió críticas adversas por parte de los comunistas, que interpretaron esa actitud como un partidismo latente hacia el bando contrario; y esa crítica se vio reforzada cuando el Papa condenó a la excomunión a los católicos que se unieran al Partido Comunista o le prestaran ayuda de cualquier tipo.

Esto fue una prolongación de la advertencia transmitida por el anterior Papa, Pío XI, en su encíclica *Quadragesimo Anno*:

"Nadie puede ser al mismo tiempo católico sincero y socialista en el sentido estricto de la palabra".

Esas palabras se habían escrito sin duda pensando más en los exponentes continentales de la democracia que en los anglosajones. Sin embargo, implicaban una condena no solo de los principios revolucionarios, sino también de las formas más moderadas de expresión política que, cuando se ponen a prueba, fomentan la subversión.

Ahí estaba. La línea divisoria entre Roma y sus enemigos había quedado firmemente trazada. Ambos bandos habían lanzado su desafío y enarbolado su estandarte. Uno se inspiraba en un fervor mesiánico, aunque no religioso, que prometía cosas mejores una vez disuelta la forma de sociedad existente; el otro, seguro de su confianza en una promesa sobrenatural que significaba que no debía, ni podía, transigir.

2.

El obispo en cuestión era Angelo Giuseppe Roncalli. Nacido en 1881 y ordenado en 1904, pronto llamó la atención del Vaticano como doctor en Teología y profesor de Historia Eclesiástica. En 1921 fue destinado a la Congregación de Propaganda y, tras ser consagrado obispo en 1935, entró en el servicio diplomático de la Iglesia.

Sus primeros destinos fueron en los Balcanes, una parte del mundo que distaba mucho de estar favorablemente dispuesta a cualquier influencia católica, como descubrió Roncalli. Como visitador apostólico o *encargado* de *negocios* de la Santa Sede en Sofía, se vio envuelto en dificultades diplomáticas con el rey, que adquirieron un carácter más mezquino, pero personal, cuando en 1935 fue trasladado como delegado apostólico a Estambul.

Allí, el fervor por la modernización, bajo Mustafa Kemal, estaba en pleno apogeo. Algunas de sus leyes eran muy duras con la religión, tanto islámica como cristiana, y estaba estrictamente prohibido llevar cualquier tipo de atuendo clerical en público. También se prohibió el uso de títulos eclesiásticos.

Roncalli se sentía como en una camisa de fuerza, nunca realmente libre, sino vigilado y espiado, y todos sus movimientos eran informados. Los contactos que pudo establecer eran escasos y esporádicos, y su costumbre invariable, al final del día, era volver a casa en silencio, como un transeúnte extranjero y anónimo.

Una noche se sintió inusualmente cansado y, sin desvestirse ni apagar la luz, se dejó caer sobre la cama. En las paredes había recuerdos de su vida anterior, fotografías de familiares y del pueblo de la llanura lombarda donde habían crecido juntos. Cerró los ojos y murmuró sus oraciones habituales. En una especie de visión, vio ante sí, flotando en la niebla, los rostros de personas a las que había pasado sin prestarles atención por la calle aquel día. Entre ellos estaba el rostro de un anciano de cabello blanco y piel olivácea que le daba un aspecto casi oriental.

Lo que siguió pudo haber sido un sueño, o al menos eso pareció cuando amaneció. Pero en la habitación silenciosa, Roncalli oyó claramente al anciano preguntarle: "¿Me reconoces?". Y sin saber qué le impulsaba, Roncalli respondió: "Sí, siempre".

Su visitante continuó: "He venido porque me has llamado. Estás en el camino, aunque aún te queda mucho por aprender. Pero ¿estás preparado?".

Roncalli nunca tuvo la menor duda. Todo había sido preparado para él. Dijo: "Te espero, maestro".

El anciano sonrió y preguntó tres veces si Roncalli lo reconocería de nuevo; y Roncalli respondió tres veces que sí.

Ni siquiera la llegada de la mañana hizo que la experiencia pareciera inusual. Roncalli sabía que se repetiría, de una manera que no tendría un significado ordinario.

Sabía que había llegado el momento cuando encontró al mismo anciano esperando fuera de su alojamiento; y también sintió que se había desarrollado una situación más familiar, lo que llevó a Roncalli a preguntarle si quería acompañarle a la mesa.

El anciano negó con la cabeza. "Esta noche debemos cenar en otra mesa". Dicho esto, se puso en marcha, seguido por Roncalli, hacia un barrio de calles tranquilas y oscuras por las que este último nunca había entrado. Una estrecha abertura conducía a una puerta ante la cual Roncalli se detuvo, como por instinto, mientras el anciano le decía que subiera y lo esperara.

Más allá de la entrada había una escalera corta y luego otra. No había luz, pero en la oscuridad casi total parecían oírse voces que venían de arriba y que indicaban a Roncalli que siguiera adelante. Se detuvo ante una puerta, más pequeña que las demás, que estaba entreabierta, y al empujarla se encontró en una amplia habitación de forma pentagonal, con paredes desnudas y dos grandes ventanas cerradas.

En el centro había una gran mesa de madera de cedro, con la misma forma que la habitación. Contra las paredes había tres sillas, una de ellas con una túnica de lino, tres sobres sellados y algunos cinturones de colores. Sobre las mesas había una espada con empuñadura de plata, cuya hoja, a la luz parcial de tres velas rojas en un candelabro de tres brazos, parecía estar en llamas. Otras tres velas en un segundo candelabro no estaban encendidas. Había un incensario alrededor del cual estaban atadas cintas de colores y tres rosas artificiales, hechas de un material frágil, con los tallos entrecruzados.

Cerca de la espada y del incensario había una Biblia abierta, y un rápido vistazo bastaba para ver que estaba abierta en el Evangelio de San Juan, que narra la misión de Juan el Bautista, pasajes que siempre habían ejercido una peculiar fascinación sobre Roncalli.

"Apareció un hombre enviado por Dios, cuyo nombre era Juan...". El nombre de Juan adquiere un significado especial en las sociedades secretas, que se reúnen el 27 de diciembre, fiesta del evangelista, y el 24 de junio, fiesta del Bautista.

A menudo se refieren a los Santos Juanes.

Roncalli oyó unos pasos ligeros detrás de él y se volvió de la mesa. Era alguien a quien iba a oír dirigirse a él, como Roncalli lo había llamado, el maestro. Llevaba una túnica larga de lino que le llegaba hasta el suelo y una cadena de nudos, de la que colgaban varios símbolos de plata, alrededor del cuello. Puso una mano enguantada de blanco sobre el hombro de Roncalli. "Arrodíllate, sobre tu rodilla derecha".

Mientras Roncalli seguía arrodillado, el Maestro tomó uno de los sobres sellados de la silla. Lo abrió para que Roncalli pudiera ver que contenía una hoja de papel azul en la que estaba escrito un conjunto de reglas. Tomando y abriendo un segundo sobre, el Maestro pasó una hoja similar a Roncalli, quien, de pie junto a ellos, vio que tenía inscritas siete preguntas.

"¿Crees que puedes responderlas?", preguntó el Maestro.

Roncalli respondió que sí y le devolvió el papel.

El Maestro lo utilizó para encender una de las velas del segundo candelabro. "Estas luces son para los Maestros del Pasado[7] que están aquí entre nosotros", explicó.

A continuación, recitó los misterios de la Orden con palabras que parecían pasar por la mente de Roncalli sin quedarse allí; sin embargo, de alguna manera, él sentía que siempre habían formado parte de su conciencia. Entonces, el maestro se inclinó sobre él.

Nos conocemos por los nombres que elegimos para nosotros mismos. Con ese nombre, cada uno de nosotros sella su libertad y su plan de trabajo, y así crea un nuevo eslabón en la cadena. ¿Cuál será tu nombre?

La respuesta estaba lista. No hubo vacilación.

"Johannes", dijo el discípulo. Siempre presente en su mente estaba su evangelio favorito.

El maestro tomó la espada, se acercó a Roncalli y le puso la punta de la hoja sobre la cabeza; y con su contacto, algo que Roncalli solo podía comparar con un asombro exquisito, nuevo e irreprimible, fluyó por todo su ser. El maestro percibió su asombro.

"Lo que sientes en este momento, Johannes, lo han sentido muchos otros antes que tú; yo mismo, los Maestros del Pasado y otros hermanos en todo el mundo. Tú lo consideras luz, pero no tiene nombre".

Intercambiaron saludos fraternos y el Maestro besó al otro siete veces. Luego le habló en voz baja, enseñándole los signos, los gestos que debía realizar y los ritos que debía llevar a cabo diariamente, en momentos precisos, que correspondían a ciertas etapas del paso del sol.

---

[7] Se dice que los Maestros son seres perfectos, los maestros de la humanidad, que han pasado por una serie de iniciaciones hasta alcanzar un estado de conciencia superior.

"Exactamente en esos momentos, tres veces al día, nuestros hermanos de todo el mundo repiten las mismas frases y hacen los mismos gestos. Su fuerza es muy grande y se extiende muy lejos. Día tras día, sus efectos se dejan sentir en la humanidad".

El Maestro tomó el sobre sellado que quedaba, lo abrió y leyó el contenido a Johannes. Se trataba de la fórmula del juramento, con el compromiso solemne de no revelar los secretos de la Orden y de prometer trabajar siempre por el bien y, lo más importante, respetar la ley de Dios y a sus ministros (una estipulación algo ambigua, teniendo en cuenta lo que implicaba su entorno).

Johannes firmó el documento con su nombre, junto con un signo y un número que le mostró el Maestro. Eso confirmaba su grado y su ingreso en la Orden; y una vez más, una sensación de fuerza sobrenatural invadió todo su ser.

El maestro tomó el papel, lo dobló siete veces y pidió a Johannes que lo colocara en la punta de la espada. Una vez más, una llama repentina recorrió toda la longitud de la hoja. Esta se transmitió a las velas que aún seguían iluminando "para los Maestros del Pasado".

Las llamas lo consumieron y el maestro esparció las cenizas. A continuación, recordó a Johannes la solemnidad del juramento que había hecho y cómo este le transmitiría una sensación de libertad, de libertad real, que era conocida en general por los hermanos. Luego besó a Johannes, que estaba demasiado abrumado para responder con palabras o gestos, y solo podía llorar.

Unas semanas más tarde, Johannes (o Roncalli, como debemos seguir llamándolo) fue informado de que ya estaba lo suficientemente versado en el Culto como para pasar a su siguiente fase decisiva —, la de entrar en el Templo.

El maestro lo preparó para lo que, nunca se lo ocultó a Roncalli, sería una prueba dura; y la aprensión de Roncalli aumentó cuando descubrió que nadie como él, un iniciado de primer grado, podía entrar en el Templo *a menos que se le fuera a confiar una tarea de gran importancia.*

¿Qué le esperaba a Roncalli? ¿Se perfilaba en su mente la visión de una determinada silla, o trono, mientras se dirigía al Templo?

Allí se habían reunido los hermanos, otra indicación de que Roncalli había sido elegido para una misión especial. En las paredes se podían leer las misteriosas palabras "Azorth" y "Tetrammaton". Esta última representa el nombre terrible, inefable e impronunciable del creador del universo, que, según se decía, estaba inscrito en la parte superior del cubículo, o piedra angular, del Santo de los Santos del Templo de Jerusalén.

Aparece en el patrón que se utiliza para evocar a los espíritus malignos, o a veces como protección contra ellos, un patrón conocido como el gran círculo mágico que se dibuja entre los dos círculos, compuestos por líneas infinitas que simbolizan la eternidad, y en el que se colocan diversos objetos, como un crucifijo, algunas hierbas y cuencos con agua, que se dice que influyen en los espíritus malignos.

También en el templo había una cruz, pintada en rojo y negro, y el número 666, el número de la Bestia en el Apocalipsis. Las sociedades secretas, conscientes de la ignorancia general que existe sobre ellas, ahora se sienten lo suficientemente seguras como para mostrar sus cartas. Se está familiarizando al pueblo estadounidense con la marca de la bestia en formularios, marcas de productos anunciados, avisos públicos: ¿y es mera coincidencia que el 666 forme parte del código utilizado para dirigir las cartas a los británicos que actualmente prestan servicio (mayo de 1982) en el Atlántico Sur (durante la guerra con Argentina)? Esos números, que se dice que son todopoderosos en la realización de milagros y magia, están asociados con el Dios Solar del gnosticismo.

Los gnósticos, una secta que floreció en los primeros siglos del cristianismo, negaban la divinidad de Cristo, menospreciaban la revelación y creían que todas las cosas materiales, incluido el cuerpo, eran esencialmente malas. Sostenían que la salvación solo podía alcanzarse a través del conocimiento (su nombre deriva del griego *gnosis*, "conocimiento" —). Las historias del Evangelio que enseñaban son alegorías, cuya clave se encuentra en la comprensión adecuada de Kneph, el dios sol, representado como una serpiente y considerado el padre de Osiris y, por lo tanto, la primera emanación del Ser Supremo y el Cristo de su secta.

Roncalli, en su papel final y más elevado, para el que le preparó la iniciación, debía llevar en su guante la imagen del dios sol rodeado de rayos de gloria.

Los colores rojo y negro eran venerados por los gnósticos y han sido muy utilizados por los diabolistas. También son los colores de Kali, la madre divina de la mitología hindú, lo que constituye una de las numerosas similitudes que existen entre las desviaciones del cristianismo y los cultos precristianos. Cabe señalar que figuraban en las banderas del Movimiento Anarquista Internacional, cuyo profeta fue Mijaíl Bakunin (1814-1876), pionero del libertarismo en oposición al socialismo de Estado.

Mientras Roncalli observaba los detalles de la sala, los hermanos avanzaron desde sus lugares cerca de las paredes hasta que, lenta y casi imperceptiblemente, se acercaron más y más a él. Cuando formaron una cadena, se apretujaron contra él con sus cuerpos, en señal de que le estaban transmitiendo su fuerza, probada y demostrada en ceremonias anteriores.

De repente, se dio cuenta de que, sin formularlas conscientemente, le estaban transmitiendo palabras de poder que brotaban de él con una voz que no reconocía como la suya. Pero pudo ver que todo lo que decía estaba siendo escrito por alguien a quien se referían como el Gran Canciller de la Orden. Escribía en francés, en una hoja de papel azul que llevaba el título "El caballero y la rosa".[8]

A juzgar por eso y por otros indicios, parecería que Roncalli estaba afiliado a la Rosa-Cruz, los rosacruces, una sociedad fundada por Christian Rosenkreutz, un alemán nacido en 1378.

---

[8] Se ofrece un relato completo de la iniciación de Roncalli en *Les prophéties du pape Jean XXIII*, de Pierre Carpi, seudónimo de un italiano que pudo haber ingresado en la misma orden que Roncalli. Fue traducido al francés, pero ahora es muy difícil de encontrar (Jean-Claude Lattes, Alta Books, 1975).

Pero según sus propias afirmaciones, "La Orden de la Rosa y la Cruz existe desde tiempos inmemoriales, y sus ritos místicos se practicaban y su sabiduría se enseñaba en Egipto. Eleusis, Samotracia, Persia, Caldea, India y en tierras más lejanas y e es, y así se transmitió a la posteridad la sabiduría secreta de la antigüedad".

Que su origen sigue siendo un misterio fue subrayado por (el primer ministro) Disraeli, quien dijo de la Sociedad, en 1841: "Sus fuentes ocultas desafían la investigación".

Después de viajar por España, Damasco y Arabia, donde fue iniciado en la magia árabe, Rosenkreutz regresó a Alemania y fundó su fraternidad de los *Invisibles*. En un edificio que designaron como *Domus Sancti Spiritus*, se dedicaron a estudios tan variados como los secretos de la naturaleza, la alquimia, la astrología, el magnetismo (o hipnotismo, como se conoce más comúnmente), la comunicación con los muertos y la medicina.

Se dice que Rosenkreutz murió a la avanzada edad de 106 años y que, cuando se abrió su tumba, que había estado perdida durante muchos años, se encontraron signos y símbolos de magia y manuscritos ocultistas.

A primera vista, Turquía puede parecer un país fuera del mapa en lo que se refiere a las operaciones de una sociedad secreta.

Pero en 1911, Max Heindel, fundador de la Hermandad Rosacruz y de la Cosmo-Concepción Rosacruz, escribió sobre ese país de una manera que demostraba que no escapaba a las observaciones de quienes trabajan con la mirada puesta en el futuro religioso, político y social. "Turquía", dijo, "ha dado un gran paso hacia la libertad bajo los Jóvenes Turcos del Gran Oriente".

Durante las últimas décadas hemos aprendido mucho, que antes estaba oculto, sobre los ritos, las contraseñas y las prácticas de las sociedades secretas. Pero hay pocos indicios de la forma en que eligen, entre sus filas, en su mayoría inactivas, a aquellos que consideran capaces de llevar adelante sus planes. Una de sus sencillas instrucciones dice: "Debes aprender a gobernar a los hombres y dominarlos, no mediante el miedo, sino mediante la virtud, es decir, observando las reglas de la Orden". Pero un escrito oculto, aparecido en Nueva York, es bastante más explícito. "Se están realizando experimentos, a menudo desconocidos para los propios sujetos... personas de muchos países civilizados están bajo supervisión, y se está aplicando un método de estimulación e intensificación e e mediante el cual se pondrá a conocimiento de los Grandes mismos una gran cantidad de información que puede servir de guía para el futuro de la raza". Esto iba acompañado de un comentario mordaz que era también una promesa para quien hubiera sido considerado apto: "Durante mucho tiempo has sido objeto de nuestra observación y nuestro estudio".[9]

---

[9] *Cartas sobre meditación oculta.* Por Alice A. Bailey. Era la suma sacerdotisa de una escuela oculta y estaba relacionada con la Sociedad de Mentes Iluminadas.

3.

En los últimos días de diciembre de 1944, Roncalli se preparaba para partir de Turquía hacia París, donde había sido nombrado nuncio papal ante la Cuarta República Francesa. La guerra aún continuaba y la diferencia entre la derecha y la izquierda, en la política que había dividido a Francia, se manifestaba violentamente en la superficie: pronto quedó claro para los observadores cuyo juicio no se veía afectado por los títulos eclesiásticos que las simpatías innatas de Roncalli estaban con la izquierda.

Fue por recomendación suya que Jacques Maritain fue nombrado embajador de Francia ante la Santa Sede. Maritain era considerado por todos como un pensador universal y, sin duda, uno de los filósofos católicos más destacados. El impacto total de su "humanismo integral" se había visto hasta entonces atenuado por su perspectiva aquiniana. Pero más tarde fue superada por declaraciones despectivas como que la realeza social de Cristo había sido suficiente para las mentes medievales (y el mentor de Maritain, Tomás de Aquino, había sido medieval), pero no para un pueblo iluminado por "instrumentos" como las revoluciones francesa y bolchevique.

Su condición de filósofo católico vuelve a suscitar dudas, ya que, según su propio testimonio, no se convirtió por ningún impulso espiritual, ni por ningún argumento teológico o histórico, sino por los escritos de Léon Bloy (1846-1917).

A pesar de su estilo fluido y musical, los escritos de Bloy no son precisamente el tipo de obra que convierte a alguien al cristianismo. Identificaba al Espíritu Santo con Satanás y se describía a sí mismo como profeta de Lucifer, a quien imaginaba sentado en la cima del mundo con los pies en los confines de la tierra, controlando todas las acciones humanas y ejerciendo un dominio paternal sobre la multitud de horribles descendientes del hombre. En comparación con esta visión de un Lucifer afable, Dios es visto como un amo implacable cuya obra terminará en fracaso definitivo cuando Satanás lo desplace como rey.

Según su propia confesión, Bloy se convirtió a lo que él y sus discípulos llamaban "cristianismo" por los desvaríos de una pobre prostituta que tenía visiones y que, tras su aventura con Bloy, murió en un manicomio.

En 1947, Vincent Auriol fue nombrado presidente de la República Francesa. Era un conspirador anticlerical, uno de esos anticlericales empedernidos que encuentran su hogar natural en el continente; sin embargo, él y Roncalli se convirtieron, no solo en cordiales asociados, como exigían sus cargos, sino en amigos íntimos. Esto no se debía a la caridad cristiana por una parte y a la cortesía diplomática por otra, sino a la ceremonia que Roncalli había vivido en Estambul, que estableció un vínculo de entendimiento entre ambos hombres.

Esto se plasmó de manera tangible cuando, en enero de 1953, el arzobispo Roncalli fue elevado al cardenalato y Aural insistió en ejercer su derecho tradicional, como jefe del Estado francés, de conferir la birreta cardenalicio al recién nombrado príncipe de la Iglesia. Esto ocurrió en una ceremonia celebrada en el Palacio del Elíseo, cuando Roncalli, sentado en la silla (cedida por el museo) en la que había sido coronado Carlos X, recibió los aplausos de hombres que habían jurado reducirlo a él y a todo lo que representaba a cenizas, un plan en el que Roncalli estaba secretamente comprometido, aunque con métodos más tortuosos para ayudarles.

Tres días más tarde fue trasladado, como patriarca a Venecia; y durante los cinco años que permaneció allí volvió a mostrar, como en París, cierta simpatía por las ideologías de izquierda que a veces desconcertaban a la prensa italiana.

Fue durante el pontificado de Pío XII cuando varios sacerdotes que trabajaban entonces en el Vaticano se dieron cuenta de que no todo iba bien bajo la superficie. Se estaba dejando sentir una extraña influencia que no les gustaba, y la atribuyeron a un grupo que había cobrado protagonismo como expertos, asesores y especialistas, que rodeaban al Papa tan de cerca que se decía, medio en broma, que era su prisionero.

Pero los sacerdotes más preocupados pusieron en marcha una cadena de investigación, tanto aquí como en Estados Unidos, donde su portavoz era el padre Eustace Eilers, miembro de la Congregación Pasionista de Birmingham, Alabama. Esto llevó a establecer el hecho de que los Illuminati se estaban haciendo sentir en Roma, mediante infiltrados especialmente entrenados que procedían de cerca del lugar de Alemania donde Adam Weishaupt se había jactado de su plan para reducir el Vaticano a una cáscara vacía. Que la mano de los Illuminati estaba sin duda involucrada quedó más claro cuando el padre Eilers, que anunció que iba a publicar esos hechos, fue encontrado muerto repentinamente, presumiblemente de uno de esos ataques cardíacos repentinos que, cuando se trata de sociedades secretas, suelen preceder a las revelaciones prometidas.

Pío XII murió el 9 de octubre de 1958, y el día 29 de ese mismo mes, Angelo Roncalli, tras once votaciones de los cardenales en cónclave, se convirtió en el papa número 262 de la Iglesia católica. Tenía setenta y siete años, pero su complexión era capaz de soportar los treinta kilos de vestimentas eclesiásticas con las que se le cargó para su coronación el 4 de noviembre de 1958.

4.

La "elección" de Roncalli fue una señal para que estallaran muestras de bienvenida, a menudo desde los lugares más inesperados, que resonaron en todo el mundo. Los no católicos, los agnósticos y los ateos coincidieron en que el Colegio Cardenalicio había hecho una excelente elección, la mejor, de hecho, en muchos años. Había recaído en un hombre sabio, humilde y santo, que libraría a la Iglesia de las acumulaciones superficiales y la guiaría de vuelta a la sencillez de los tiempos apostólicos; y, por último, pero no por ello menos importante entre las ventajas que prometían un futuro prometedor, el nuevo Papa era de origen campesino.

Los católicos más veteranos no podían explicar el calor y la admiración con que fue recibido cuando periodistas, corresponsales, locutores y equipos de televisión de casi todos los países del mundo se agolparon en Roma. Hasta entonces, el mundo exterior sabía muy poco de Angelo Roncalli, salvo que había nacido en 1881, había sido patriarca de Venecia y había ocupado cargos diplomáticos en Bulgaria, Turquía y Francia. En cuanto a su origen humilde, ya había habido papas campesinos anteriormente. La Iglesia podía absorberlos con la misma facilidad con que había absorbido a sus pontífices académicos y aristocráticos.

Pero el mundo secular, como lo demostraban algunas de las publicaciones más "populares" de Inglaterra, insistía en que algo trascendental había sucedido en Roma y que era solo el presagio de cosas aún mayores por venir; mientras que los católicos informados, que durante años habían defendido la causa de la Iglesia, seguían rascándose la cabeza y preguntándose qué estaba pasando. ¿Se había filtrado alguna información, no a quienes siempre habían apoyado la religión, sino a quienes habían servido fragmentos de verdad, o ninguna verdad, para excitar y engañar al público?

Un sacerdote irlandés que se encontraba en Roma en ese momento dijo sobre el clamor por conocer detalles íntimos sobre Roncalli: "Los periódicos, la radio, la televisió e y las revistas simplemente no tenían suficiente información sobre los antecedentes y la carrera, la familia y las actividades del nuevo Santo Padre. Día tras día, desde el cierre del cónclave hasta la coronación, desde su primer mensaje radiofónico hasta la apertura del Consistorio, los comentarios y las actividades del nuevo Papa se difundían con todo lujo de detalles para que todo el mundo pudiera verlos".[10]

Las especulaciones se sumaron al interés cuando se supo que el nuevo Papa deseaba ser conocido como Juan XXIII. ¿Era en memoria de su padre, que se llamaba Juan, o por respeto a Juan el Bautista? ¿O era para enfatizar su disposición a desafiar o incluso a escandalizar a la visión tradicional? Juan había sido un nombre muy querido por muchos papas. Pero ¿por qué mantener la numeración?

Porque ya había habido un Juan XXIII, un antipapa, que fue depuesto en 1415. Tiene una tumba en el baptisterio de Florencia y su retrato aparecía en el *Annuario Pontifico*, el anuario de la Iglesia, hasta hace pocos años. Desde entonces ha sido retirado. No sabemos nada a su favor, ya que su único logro registrado, si es que podemos creer a un réprobo tan preciado como él, fue haber seducido a más de doscientas mujeres, incluida su cuñada.

Mientras tanto, en el extranjero existía la sensación generalizada de que la Iglesia se acercaba a una ruptura con el pasado tradicional. Siempre había mostrado un orgulloso rechazo a dejarse influir por su entorno. Había estado protegida, como por una armadura invisible, de las modas de la época. Pero ahora mostraba disposición a someterse a una reforma autoimpuesta tan

---

[10] *Juan XXIII, el Papa de los campos*, por el padre Francis X. Murphy. (Hebert Jenkins, 1959).

dramática como la que le había sido impuesta en el siglo XVI. Para algunos, se anticipaba como una actualización de la doctrina cristiana, un proceso deseable e inevitable de reconversión, en el que una catolicidad más profunda y en constante expansión sustituiría al catolicismo antiguo y estático del pasado.

Este cambio se presagiaba con cautela en una declaración temprana de Juan XXIII, cuando dijo: "Por todo Oriente y Occidente sopla un viento, nacido del espíritu, que despierta la atención y la esperanza de quienes se adornan con el nombre de cristianos".

Las palabras del "Papa Bueno Juan" (qué rápido adquirió esa calificación elogiosa) no eran meramente proféticas.

Hablaban de cambios en la Iglesia, antaño monumental, que él mismo iniciaría.

5.

Los coleccionistas estadounidenses de recuerdos eclesiásticos habrán notado, poco después de la elección del papa Juan, que en algunos de sus periódicos se ofrecían a la venta ciertos objetos. Se describían como copias de la cruz personal elegida y sancionada por Juan XXIII.

Estas cruces no tenían nada que ver con la cruz pectoral que llevan colgada al cuello todos los pontífices y obispos como signo de autoridad episcopal. Están hechas de oro, adornadas con piedras preciosas y cada una contiene una reliquia sagrada. Antes de ponérsela, el prelado reza una oración prescrita en memoria de la Pasión y pide la gracia de vencer las artimañas del Maligno a lo largo del día.

Pero la cruz que se presentó al público estadounidense, bajo el patrocinio de Roncalli, tenía asociaciones muy diferentes. En su centro, en lugar de la representación de la figura crucificada, figuraba el ojo que todo lo ve de los Illuminati, encerrado en un triángulo o pirámide; y estas cruces, anunciadas en *The Pilot* y *The Tablet*, los periódicos diocesanos de Brooklyn y Boston, se vendían, en consonancia con la falta de dignidad y reverencia que se estaba convirtiendo en proverbial, a doscientos cincuenta dólares cada una.

Quienes comprendían el significado de los símbolos místicos y lo profundamente que nos afectan, volvieron a fijar su atención en el rostro solar que aparecía en el guante de John. Recordaba el diseño utilizado por los paganos adoradores del sol, mientras que su gesto de extender la mano, con los dedos extendidos sobre la congregación, también podía interpretarse como una invocación a la luna blanca, parte de un código esotérico que siempre ha tenido seguidores.

A quienes piensan que tales sugerencias rozan lo ridículo, basta con señalar que miles de empresarios serios, con sombrero hongo, han realizado rituales y adoptado símbolos que hacen que lo anterior parezca muy insulso en el transcurso de sus carreras.

Sin embargo, para la gente en general, la pirámide, sin renunciar ni un ápice a su significado original, pasa ahora por un símbolo totalmente respetable e inofensivo. Es simplemente una decoración. Pero es una decoración que entra en circulación general cada vez que cambia de manos un billete de un dólar estadounidense.

Porque en el reverso del billete se encuentra el ojo secreto, encerrado en una pirámide, y la fecha 1776. También aparecen las palabras *Annuit Coeptis, Novus Ordo Seclorum*.

La fecha 1776 puede no significar nada más para los desprevenidos que el año de la Declaración de Independencia de los Estados Unidos, redactada por Thomas Jefferson.

Es cierto. Pero ¿qué hay de los símbolos, que también figuran en el reverso del Gran Sello de los Estados Unidos? ¿Por qué se eligieron? Y 1776 fue también el año en que Adam Weishaupt fundó su hermandad. Y Thomas Jefferson, al igual que su compañero político Benjamin Franklin, era un ferviente iluminista.

Las palabras citadas anteriormente pueden traducirse como: "Él (Dios) ha aprobado nuestra empresa, que ha sido coronada con éxito. Ha nacido un nuevo orden de los siglos".

Se ha demostrado, una y otra vez, que el futuro del mundo no está en manos de simples políticos, sino de aquellos que tienen el poder, oculto y aliado al poder financiero internacional, para manipular los acontecimientos según sus planes; y nosotros, en la actualidad, hemos sido testigos de la llegada de su nuevo orden en varios ámbitos de la vida, incluidos el religioso, el político y el social. Antes de que se popularizara la propaganda actual que enfatiza el papel de la mujer, la autoridad oculta Oswald Wirth hablaba de que la mujer "no debía temer" adoptar ritos y costumbres masculinas, y de cómo, cuando hubiera obtenido todo su poder, los hombres cumplirían sus órdenes. Ese proceso se está llevando a cabo activamente ante nuestros ojos.

El término "nuevo" se está propagando como si implicara necesariamente una mejora notable con respecto a lo que existía anteriormente. Alcanzó prominencia política en 1933, año en que se instituyó el New Deal de Roosevelt; y fue en ese mismo año cuando la insignia de los Illuminati, con las palabras que hacen referencia al "nuevo orden de las edades", apareció en el reverso del billete de un dólar estadounidense. Su promulgación está tomando forma ahora en la formación de un nuevo Orden Mundial Único en el que, según se prevé, las diferentes naciones, razas, culturas y tradiciones serán absorbidas hasta desaparecer.

Tercera parte

> *Estoy seguro de que cuando en el Consejo pronuncié las palabras rituales "Exeunt Omnes" (que salgan todos), quien no obedeció fue el diablo. Él siempre está allí donde triunfa la confusión, para agitarla y aprovecharse de ella.*
>
> Cardenal Pericle Felici,
> Secretario General del Concilio.

Con una previsión verdaderamente asombrosa, fruto de la confianza, las sociedades secretas habían decidido desde hacía mucho tiempo cómo iban a provocar cambios en las pretensiones y el carácter de la Iglesia católica y, en última instancia, su caída. Hace más de un siglo reconocieron que la política de infiltración, mediante la cual sus propios hombres estaban entrando en los más altos cargos de la estructura eclesiástica, había tenido éxito; y ahora podían esbozar la naturaleza de la siguiente etapa que debían llevar a cabo.

Hablando como uno de los principales conspiradores que estaba "al tanto", Giuseppe Mazzini (1805-1872) dijo: "En nuestro tiempo, la humanidad abandonará al Papa y recurrirá a un Consejo General de la Iglesia". Mazzini no era ajeno al dramatismo de la situación prevista, y continuó hablando del "César papal" que sería llorado como víctima del sacrificio, y de una ejecución definitiva.

Pierre Virion, en *Mystère d'Iniquité*, se expresó en términos similares: "Se avecina un sacrificio que representa un acto solemne de expiación... El papado caerá. Caerá bajo un , el cuchillo sagrado que prepararán los Padres del último Concilio".

Roca, un antiguo canonista que había sido expulsado del sacerdocio por herejía, fue más explícito: "Debéis tener un nuevo dogma, una nueva religión, un nuevo ministerio y nuevos rituales que se parezcan mucho a los de la Iglesia rendida". Y Roca no se limitaba a expresar una esperanza, sino que describía un proceso. "El culto divino dirigido por la liturgia, el ceremonial, los rituales y las normas de la Iglesia católica romana pronto sufrirá una transformación en un concilio ecuménico".

Una tarde a principios de 1959, cuando llevaba apenas tres meses como papa, Juan XXIII paseaba por los jardines del Vaticano.

Sus lentos y pesados paseos bajo los robles y los castaños, donde Pío IX había montado en su mula blanca, se vieron repentinamente interrumpidos por lo que él llamó un impulso de la Divina Providencia, una resolución que le llegó desde más allá y cuyo impacto reconoció.

Un concilio —casi susurró las palabras— que él llamaría Concilio Ecuménico General de la Iglesia.

Más tarde dijo que la idea no le había sido inspirada por ninguna revelación del Espíritu Santo, sino por una conversación que había mantenido con el cardenal Tardini, entonces secretario de Estado, a finales del año anterior. Su conversación había girado en torno a lo que se podía hacer para presentar al mundo un ejemplo de paz universal. Pero aún había cierta confusión sobre el origen de la idea, ya que el papa Juan dijo posteriormente que había sido él mismo quien la había concebido, con el fin de dar un poco de aire fresco a la Iglesia.

Los concilios del pasado se habían convocado para resolver alguna crisis en la Iglesia, alguna cuestión candente que amenazaba con dividirla o confundir la opinión pública. Pero a principios de 1959 no había ninguna cuestión de este tipo, relacionada con la doctrina o la disciplina, que exigiera una respuesta urgente. La Iglesia exigía sus derechos tradicionales de lealtad, negligencia o antagonismo. No parecía haber necesidad de convocar un concilio. ¿Por qué arrojar una piedra a aguas tranquilas que, tarde o temprano, se verían perturbadas por una necesidad evidente? Pero el papa Juan, el 25 de enero, anunció su intención al Colegio de Cardenales es, y la respuesta que suscitó en el mundo secular pronto dejó claro que no se trataba de un concilio ordinario.

La misma publicidad sin precedentes que caracterizó la elección de Juan XXIII acogió el plan. Se presentó como un asunto de importancia no solo para el mundo no católico, sino también para elementos que siempre se habían opuesto firmemente a las pretensiones, el dogma y la práctica papales. Pero pocos se sorprendieron por esta repentina muestra de interés por parte de los agnósticos; aún menos sospecharon que hubiera un motivo oculto. Y si alguna pequeña voz que expresaba dudas logró hacerse oír, pronto fue silenciada a medida que avanzaban los preparativos para la primera sesión del Concilio.

Ocuparon dos años y consistieron en la redacción de borradores, o esquemas, sobre decretos y constituciones que se consideraban susceptibles de cambio. Cada miembro del Concilio, que estaría compuesto por obispos procedentes de todas las partes del mundo católico y presidido por el Papa o su legado, podía votar a favor o en contra de la aceptación de los asuntos debatidos, y se invitó a cada uno a enviar una lista de temas discutibles.

Algunos días antes de la apertura del Concilio, pareció que las autoridades responsables del mismo habían recibido garantías de que este asunto, principalmente católico, recibiría más publicidad de la habitual. Se instaló una oficina de prensa ampliamente ampliada frente a San Pedro. El cardenal Cicognani ofició la inauguración y le dio su bendición; y los caballeros de la prensa acudieron en masa.

Entre ellos había un número sorprendente de comunistas ateos que llegaron, como cazadores, esperando "entrar" en una caza. La *Gaceta Literaria Soviética*, que nunca antes había estado representada en ninguna reunión religiosa, dio el sorprendente paso de enviar a un corresponsal especial en la persona de un tal M. Mchedlov, que se allanó el camino hacia Roma expresando su más sincera admiración por el Papa. Dos compatriotas de Mchedlov estaban allí, en forma de un reportero de la agencia de noticias soviética *Tass* y otro del periódico moscovita que se llamaba, sin tapujos, *Comunista*. Otro miembro destacado del clan bolchevique era M. Adjubei, que además de ser editor de *Izvestia*, era yerno del primer ministro soviético, Jrushchov.

Fue recibido calurosamente por el buen papa Juan, que lo invitó a una audiencia especial en el Vaticano. La noticia de esta prometedora recepción fue enviada a Jrushchov, quien inmediatamente manifestó su intención de enviar un saludo al papa el 25 de noviembre de 1963, su próximo cumpleaños. Un número desconocido de italianos, cuando se recuperaron de la sorpresa de ver al jefe de la Iglesia en términos amistosos con sus enemigos, decidieron votar a favor del comunismo en la primera oportunidad que se les presentara.

Esta resolución se vio reforzada cuando un número especial de *Propaganda*, órgano del Partido Comunista Italiano, contribuyó a engrosar el coro de elogios al próximo Concilio. Según este periódico, tal acontecimiento sería comparable a la apertura de los Estados Generales, que dio inicio a la Revolución Francesa en 1789. Con el mismo tema en mente, el periódico comparó la Bastilla (que cayó ese mismo año) con el Vaticano, que estaba a punto de ser sacudido hasta sus cimientos.

Más aprobación por parte de la izquierda vino de Jacques Mitterrand, Gran Maestre del Gran Oriente francés, que sabía que podía elogiar con seguridad, por adelantado, al papa Juan y los efectos del Concilio en general.

Entre los observadores ortodoxos rusos se encontraba el joven obispo Nikodim, quien, a pesar de mantener una estricta postura religiosa, aparentemente tenía libertad para entrar y salir a través del Telón de Acero.

Otros dos obispos de su parte del mundo, uno checo y otro húngaro, se unieron a él y al cardenal Tisserant en una reunión secreta que se celebró en un lugar cercano a Metz, poco antes de la primera sesión del Concilio. Nikodim, una figura algo turbia, debe ser recordado, ya que aparece más adelante en estas páginas.

Ahora sabemos que los rusos dictaron sus propias condiciones para "asistir" al Concilio. Pretendían utilizarlo como medio para ampliar su influencia en el mundo occidental, donde el comunismo había sido condenado treinta y cinco veces por Pío XI y nada menos que 123 veces por su sucesor, Pío XII. Los papas Juan y Pablo VI seguirían su ejemplo, pero cada uno, como veremos, con un e ironía. La política rusa consistía ahora en silenciar las bulas de excomunión emitidas contra los católicos que se unían al Partido Comunista y en que no se realizara ningún otro ataque contra el marxismo en el Concilio. En ambos puntos se obedeció al Kremlin.

El Concilio, compuesto por 2350 obispos, sesenta de ellos procedentes de países controlados por Rusia, se inauguró el 11 de octubre de 1962.

Formaron una impresionante procesión, con la mayor variedad de mitras jamás vista en nuestra época, mientras sus portadores atravesaban la puerta de bronce de San Pedro; guardianes de la fe, protectores de la tradición, en marcha; hombres asertivos, seguros de su postura y, por lo tanto, capaces de inspirar confianza y oposición... O al menos eso era lo que parecían. Pocos de los que los veían podían imaginar que muchos de aquellos padres graves y reverendos eran, según las normas de la Iglesia cuyas vestiduras llevaban y a cuya orden se habían reunido, excomulgados y anatema. La mera sugerencia de un " " habría sido motivo de risa.

2.

Una vez terminados los preliminares, los miembros del Concilio pudieron preguntar, discutir y comparar notas libremente mientras se reunían en las diversas cafeterías que se habían abierto; y ya se estaba extendiendo por la asamblea un estado de ánimo más sobrio y reflexivo, distinto del que muchos habían acogido la convocatoria del Concilio. En algunos casos, era casi desilusión. No era solo una cuestión de idioma, aunque, por supuesto, se hablaban muchos diferentes. Pero algunos de los presentes parecían tener pocos conocimientos, no solo de latín, sino de los fundamentos de su fe. Su formación no era la de católicos ortodoxos y tradicionales; y aquellos que formaban parte de ese entorno y estaban familiarizados con los escritos de Heidegger y Jean-Paul Sartre podían detectar, en las declaraciones e incluso en los comentarios casuales de demasiados prelados, las ambigüedades y la falta de autoridad habituales en los hombres que son producto del pensamiento moderno.

Más aún, algunos dejaron entrever que no creían en la transubstanciación y, por lo tanto, tampoco en la misa. Pero se aferraban firmemente al orgullo de Nietzsche por la vida y a la deificación de la razón humana, al tiempo que rechazaban la idea de un Absoluto y el concepto de la creación.

Un obispo latinoamericano expresó su perplejidad diciendo que muchos de sus colegas prelados parecían haber perdido la fe. Otro se mostró francamente horrorizado al descubrir que algunos con quienes había hablado, y que solo habían dejado temporalmente la mitra, despreciaban cualquier mención a la Trinidad y a la Virgen María. Sus antecedentes no tenían nada que ver con la filosofía tomista, y un veterano de la Curia, acostumbrado a la firmeza del pavimento romano, se deshizo rápidamente de los Padres conciliares calificándolos de "dos mil inútiles". Entre los amargamente desilusionados, había algunos que decían que solo harían acto de presencia durante una semana o dos y luego se irían a casa.

Los representantes de Oriente Medio recordaron una advertencia que había pronunciado Salah Bitah, primer ministro de Siria, cuando se enteró de la convocatoria del Concilio. Tenía motivos para creer que el Concilio no era más que una "conspiración internacional". Otros apoyaron esa definición mostrando un libro que les habían entregado al aterrizar en el aeropuerto, en el que se decía que el Concilio formaba parte de un plan para destruir la doctrina y la práctica de la Iglesia y, en última instancia, la propia institución.

El tono general del Consejo quedó pronto establecido, con los "inútiles", o progresistas, como se les llegó a llamar, clamando por la modernización y la revisión de los valores dentro de la Iglesia, y una oposición mucho menos activa y mucho menos vocal, ofrecida por sus oponentes tradicionalistas u ortodoxos. La diferencia entre ambos bandos se puso de manifiesto en la inauguración de la primera sesión, cuando los progresistas dirigieron su propio mensaje al mundo para garantizar que el Concilio "empezara con buen pie".

El papa Juan lo siguió declarando que las cenizas de San Pedro se estremecían en "mística exaltación" debido al Concilio. Pero no todos sus oyentes, y desde luego no los conservadores, sonreían. Quizá ya intuían la derrota al mirar a algunos de los cardenales, Suenens, Lienart, Alfrink, y a teólogos tan destacados como el dominico Yves Congar, que colaboraba en periódicos franceses de izquierda; el ultraliberal Schillebeeckx, también dominico y profesor de Teología Dogmática en la Universidad de Nimega; y Marie-Dominique Chenu, cuyos escritos, como cuando dijo que "el gran análisis de Marx enriquece tanto el presente como el futuro con su corriente de pensamiento", habían fruncido el ceño de Pío XII; todos ellos ávidos de progreso y poco cuidadosos en la elección de las armas que utilizaban para alcanzarlo.

Otra de esas figuras influyentes era Montini, arzobispo de Milán, que redactó y supervisó los documentos relativos a las primeras etapas del Concilio, denominadas " ". Su reputación crecía día a día. Era, sin duda, un hombre del futuro.

El silencio de la minoría pasiva, un silencio que admitía la derrota desde el principio, fue comunicado al papa Juan, quien lo atribuyó al temor y la solemnidad que inspiraba la ocasión.

3.

Estas páginas no pretenden resumir el trabajo cotidiano del Concilio. Más bien, buscan un a para señalar cuán fielmente el Concilio cumplió los propósitos de aquellos progresistas, liberales, infiltrados (llámenlos como quieran), que lo habían creado; y la actitud menos eficiente y menos decidida de sus oponentes.

El primer grupo, compuesto en su mayoría por obispos de habla alemana, había estado activo desde el principio entre bastidores. Tuvieron audiencias con el Papa y discutieron los cambios en la liturgia y otros temas que tenían en mente. Modificaron el reglamento para adaptarlo a su política y se aseguraron de que las diversas comisiones estuvieran integradas por personas que compartían su punto de vista. Distorsionaron o suprimieron cualquier cuestión que no se ajustara a sus objetivos. Bloquearon el nombramiento de opositores para cualquier cargo en el que pudieran hacerse oír, descartaron las resoluciones que no les gustaban y se hicieron con los documentos en los que se basaban las deliberaciones.

Contaban con el apoyo de la prensa, que, por supuesto, estaba controlada por el mismo poder que avivaba las llamas de la infiltración. Además, los obispos alemanes financiaban su propia agencia de noticias. Así, en las noticias que llegaban al público, los obispos de izquierda eran descritos como hombres honestos, brillantes y de gran intelecto, mientras que los del bando contrario eran estúpidos, débiles, obstinados y anticuados. Además, la izquierda contaba con el respaldo del Vaticano y con un boletín semanal, escrito por Montini, que marcaba la pauta de cómo se resolverían las cuestiones controvertidas en el Concilio. Sus comentarios sobre la reforma litúrgica fueron difundidos por la prensa y acogidos con satisfacción por quienes deseaban que la misa se redujera al nivel de una comida entre amigos.

Al recordar aquellos días, uno no puede evitar preguntarse por la negligencia o la debilidad con la que sus oponentes tradicionales u ortodoxos se enfrentaron a unos cambios que, para hombres de su profesión, amenazaban la razón misma de su existencia. No ignoraban lo que se había planeado ni lo que estaba sucediendo. Sabían que una poderosa quinta columna, integrada en muchos casos por miembros de la jerarquía con mitra, estaba trabajando para la caída de la Iglesia occidental. Pero no hicieron nada más que observar el protocolo y superar cualquier resentimiento que sintieran con una obediencia innata. Era casi como si (admitiendo que la moralidad estuviera de su parte) quisieran ejemplificar el dicho: "Los hombres buenos son débiles y cansados; los malvados son los decididos".

Un factor que contribuyó a decidir la situación fue la edad. La mayoría de los Padres conciliares pertenecientes a la vieja escuela tradicional habían pasado ya su mejor momento y ahora, como el cardenal Ottaviani, cuyo nombre había sido en otro tiempo muy influyente en la Curia, no eran más que una retaguardia casi despreciada.

Otro de ellos, el anciano obispo de Dakar, reconoció inconscientemente este hecho y negó con la cabeza ante el método dictatorial con el que los modernistas, incluso en las fases preliminares del Concilio, arrasaban con todo a su paso. "Ha sido organizado por una mente maestra", dijo.

Por su parte, los modernistas despreciaban abiertamente todo lo que proponían los elementos ortodoxos del Concilio. Cuando se sometió a debate una de sus propuestas, un padre conciliar "actualizado" declaró que quienes la habían presentado "merecían ser fusilados y enviados a la luna". Pero, aun así, los observadores rusos, a pesar de los primeros indicios de que el Concilio estaba dispuesto a seguir la línea comunista, no estaban del todo satisfechos, aunque elogiaron a Juan XXIII por mantener su independencia y no convertirse en un títere de la derecha.

Sin embargo, el corresponsal de Tass lamentó la presencia de demasiados "reaccionarios evidentes" en la asamblea, un sentimiento que fue compartido por M. Mchedlov, quien añadió: "Hasta ahora, los conservadores acérrimos no han logrado imponerse. No han conseguido convertir a la Iglesia en un instrumento de su propaganda reaccionaria".

4.

Entre el final de la primera sesión del Concilio, el 1 de diciembre de 1962, y la apertura de la segunda sesión, el 29 de septiembre del año siguiente, el papa Juan, tras una larga enfermedad, exhaló su último aliento en la tarde del lunes 3 de junio de 1963; y toda forma de publicidad, que durante las últimas semanas había informado minuciosamente sobre el lecho de muerte en Roma, volvió a entrar en acción para ensalzar a un hombre que había servido fielmente al propósito para el que se le había concedido ocupar la Silla de Pedro, y puso en marcha una serie de acontecimientos destinados a cumplir, a expensas de la Iglesia, gran parte de los objetivos determinados por las sociedades secretas a lo largo de los siglos.

Un miembro destacado de la conspiración que había promovido a Juan XXIII, el exdoctor en Derecho Canónico Roca, comentó con ironía: "El viejo Papa, tras romper el silencio e iniciar la tradición de la gran controversia religiosa, se va a la tumba"; mientras que un revelador homenaje, que debería abrir los ojos a cualquiera que todavía se escandalice ante la mención de una conspiración, fue escrito por Charles Riandey, soberano gran maestre de las sociedades secretas, en el prefacio de un libro de Yves Marsaudon,[11] , ministro de Estado del Consejo Supremo de las sociedades secretas francesas: "A la memoria de Angelo Roncalli, sacerdote, arzobispo de Messamaris, nuncio apostólico en París, cardenal de la Iglesia romana, patriarca de Venecia, papa con el nombre de *Juan XXIII*, que se dignó concedernos su bendición, su comprensión y su protección" (*el énfasis es mío*).

---

[11] El ecumenismo visto por un masón francés. (París, 1969).

Un segundo prefacio del libro estaba dirigido a "su augusto continuador, Su Santidad el Papa Pablo VI".

Nunca antes se había cubierto tan ampliamente el fallecimiento de un papa, en la persona de Juan XXIII. Los reporteros más duros lloraron al conocer la noticia. Los dedos de los columnistas, acostumbrados a las sensaciones fuertes, tamborileaban sobre las teclas de sus máquinas de escribir. Solo unos pocos, que sabían lo que había sucedido en la oscura habitación de Estambul, permanecieron con la cabeza erguida y la mente despejada de propaganda, reflexionando que Angelo Roncalli había, como solían decir los piadosos, "ido a recibir su recompensa".

La cuestión de su sucesor nunca se puso seriamente en duda. La convocatoria de un cónclave fue poco más que una formalidad. Las mismas voces que habían elogiado al rosacruz Juan XXIII clamaban ahora por Montini, Montini de Milán. Los anglicanos, que no tenían tiempo para un Papa con política alguna, coincidieron en que Montini era el hombre adecuado.

De hecho, había sido preparado y entrenado para el cargo por el papa Juan, quien nombró a Montini su primer cardenal, mientras que Pío XII siempre había negado el capelo cardenalicio a quien sabía que era procomunista. Montini había sido el único cardenal no residente al que Juan invitó a vivir en el Vaticano, donde mantuvieron conversaciones íntimas y extraoficiales sobre los resultados que ambos esperaban del Concilio; y el papa Juan llenó el Colegio Cardenalicio para asegurarse de que Montini, como su sucesor, continuara promulgando los decretos heréticos que ambos favorecían.

Las protestas más enérgicas contra la elección fueron las de Joaquín Sáenz Arriaga, doctor en Filosofía y Derecho Canónico, que intuía el peligro en el hecho de que gran parte del apoyo a Montini procedía de comentaristas seculares que no se preocupaban por el bienestar, sino por la caída de la Iglesia. Se decía que algunas de sus credenciales y cualificaciones eran exageradas o falsas.

Sin embargo, la decisión de un cónclave, establecida por la costumbre, no podía ser cuestionada; y Montini, que tomó el nombre de Pablo VI, fue elegido el 23 de junio de 1963.

5.

Giovanni Battista Montini fue uno de esos socialistas que, aunque nacidos en circunstancias nada humildes, se resentían rápidamente ante el más mínimo signo de privilegio en los demás. Nació el 26 de septiembre de 1897 en el norte de Italia, en el seno de una familia de profesionales (probablemente de origen hebreo) que, más de un siglo antes, había sido aceptada en los anales de la nobleza romana.

Su padre, Giorgi Montini, un destacado demócrata cristiano, pertenecía con toda probabilidad a una sociedad secreta, lo que explicaría en parte el posterior compromiso de su hijo. El joven Giovanni, que desde muy temprano mostró signos de querer entrar en la Iglesia, tenía una constitución tan delicada que se le permitió estudiar en casa en lugar de en un seminario, lo que le dejó libre para desarrollar tendencias sociales y políticas que no eran las de un servidor de la Iglesia normalmente formado y disciplinado.

Cuando obtuvo su primer nombramiento regular como capellán universitario en Roma, ya era un hombre de izquierdas consolidado. Pero eso no le impidió ascender con firmeza y sin lugar a dudas en un ambiente conservador, hasta convertirse en secretario de Estado interino del Vaticano bajo el pontificado de Pío XII.

Montini era desde hacía tiempo admirador de las obras del filósofo Jacques Maritain, cuyo sistema de "humanismo integral", con su rechazo de la creencia autoritaria y dogmática en favor de una fraternidad e e mundial que incluyera a los no creyentes, se había ganado la aprobación de Juan XXIII.

Según Maritain, el hombre era esencialmente bueno, una perspectiva que le hacía menos receptivo a la distinción vital que existe entre las formas seculares de existencia creadas por el hombre y las exigencias de la creencia en la naturaleza divina de Cristo y de la Iglesia.

Tanto Maritain como Montini rechazaban la visión tradicionalista de la Iglesia como único medio para alcanzar la verdadera unidad mundial. Puede que así fuera en el pasado, pero ahora había surgido un mundo nuevo, más sensible y capaz de resolver los problemas sociales y económicos. Y Montini, a quien Maritain consideraba su discípulo más influyente, expresó la opinión de todos ellos cuando dijo: "No os preocupéis por las campanas de las iglesias. Lo necesario es que los sacerdotes sean capaces de oír las sirenas de las fábricas, de comprender los templos de la tecnología donde vive y prospera el mundo moderno". Existe un documento cuyo contenido, que yo sepa, rara vez o nunca se ha hecho público. Está fechado el 22 de septiembre de 1944, tras haber sido redactado el 28 de agosto anterior, y se basa en información facilitada el 13 de julio del mismo año. Actualmente se encuentra entre los archivos de la Oficina de Servicios Estratégicos, que más tarde se convirtió en la Oficina Central de Inteligencia, la CIA.[12]

Lleva por título: "Togliatti y el Vaticano establecen el primer contacto directo", y trata de los planes de revoluciones sociales y económicas que se estaban elaborando entre la Iglesia y uno de sus enemigos más acérrimos, el Partido Comunista.

Aquí se cita: El 10 de julio, en la casa de un ministro demócrata cristiano, el secretario de Estado en funciones del Vaticano, monseñor Giovanni Montini, se reunió con Togliatti, ministro comunista sin cartera del Gobierno Bonomi. Su conversación repasó los motivos que habían dado lugar al entendimiento entre los partidos demócrata cristiano y comunista.

Desde su llegada a Italia, Togliatti había mantenido reuniones privadas con políticos del Partido Demócrata Cristiano. Estos contactos constituyeron el trasfondo político del discurso de

---

[12] Me lo señaló el Sr. Michael Gwynn, de la Britons Library.

Togliatti en el Teatro Brancaccio el domingo 9 de julio y explican la cálida acogida que recibió el discurso por parte de la prensa católica.

"A través de los líderes del Partido Demócrata Cristiano, Togliatti pudo transmitir al Vaticano su impresión sobre la opinión de Stalin acerca de la libertad religiosa, tal y como la acepta ahora el comunismo, y sobre el carácter democrático del acuerdo entre Rusia y las naciones aliadas. Por otra parte, la Santa Sede se comunicó con Togliatti por los mismos medios y le expresó su opinión sobre el futuro acuerdo con la Rusia soviética en materia de comunismo en Italia, así como en otras naciones.

La conversación entre monseñor Montini y Togliatti fue el primer contacto directo entre un alto prelado del Vaticano y un líder del comunismo. Tras examinar la situación, reconocieron la posibilidad práctica de una alianza contingente entre católicos y comunistas en Italia, que daría a los tres partidos (demócrata-cristiano, socialista y comunista) una mayoría absoluta, lo que les permitiría dominar cualquier situación política.

Se redactó un plan provisional que serviría de base para un acuerdo entre el Partido Demócrata Cristiano y los partidos comunista y socialista. También se elaboró un plan con las líneas fundamentales que podrían servir para establecer un entendimiento práctico entre la Santa Sede y Rusia en sus nuevas relaciones".

En resumen, Montini informó a Togliatti de que la postura anticomunista de la Iglesia no debía considerarse definitiva y que muchos en la Curia deseaban entablar conversaciones con el Kremlin.

Estas reuniones con el enemigo disgustaron a Pío XII, que empezó a mirar con creciente desagrado a su secretario de Estado, ; y Montini, por su parte, buscó una fisura en la armadura del Papa. La encontró en el hecho de que Pío había conseguido puestos lucrativos para algunos de sus sobrinos; y Montini aprovechó al máximo esta prueba de nepotismo papal, para gran satisfacción de sus compañeros socialistas y anticlericales.

Pío respondió destituyendo a Montini de su cargo de confianza y enviándolo al norte como arzobispo de Milán. Ese cargo había sido ocupado anteriormente, por derecho, por un cardenal, pero Montini no recibió el capelo cardenalicio hasta 1958.

Allí fue libre de dar rienda suelta a sus simpatías políticas, que se inclinaron cada vez más hacia la izquierda. Algunos de sus escritos, que aparecieron en el periódico diocesano *L'Italia*, hicieron que algunos de sus sacerdotes desconfiaran de su superior y, en poco tiempo, más de cuarenta de ellos retiraron sus suscripciones al periódico. Pero su desaprobación significaba poco o nada para Montini, quien, con Maritain en segundo plano, había encontrado un partidario más activo de sus opiniones ultraliberales.

Se trataba de Saul David Alinsky, un representante típico del tipo agitador que finge alimentar un profundo resentimiento contra los círculos capitalistas en los que siempre se mueven con cautela y de cuya generosidad se benefician.

Montini quedó tan impresionado por el tipo de enseñanza revolucionaria de Alinsky —conocido como el apóstol de la revolución permanente— que ambos pasaron quince días juntos discutiendo la mejor manera de armonizar las exigencias de la Iglesia y las de los sindicatos comunistas. Cabe señalar que Alinsky fue tan afortunado en sus relaciones personales como en sus patrocinadores financieros. Al final de sus conversaciones, Montini declaró que se sentía complacido de considerarse uno de los mejores amigos de Alinsky, mientras que Jacques Maritain, en un estado de ánimo que revelaba el proceso de ablandamiento que debía de haber experimentado su visión filosófica, dijo que Alinsky era uno de los "pocos hombres verdaderamente grandes del siglo".

Uno de los ricos patrocinadores de Alinsky —y este defensor de la lucha de clases tenía varios, incluyendo combinaciones tan extrañas como la Fundación Rockefeller y la Iglesia Presbiteriana— era el millonario Marshall Field. Este último contacto sirvió para reforzar aún más la imagen de Alinsky a los ojos de Montini, ya que Marshall Field, que había publicado un periódico comunista, patrocinado diversos movimientos subversivos y salido airoso de dos divorcios y tres casos matrimoniales, seguía siendo un fiel hijo de la Iglesia —su cuenta bancaria lo garantizaba— y era amigo íntimo del obispo Shiel de Chicago.

Al mismo tiempo, Montini estableció una relación, al principio meramente comercial, que tendría efectos de gran alcance en gran parte de Italia, incluido el Vaticano, en un futuro no muy lejano. En el curso de sus complicados asuntos financieros con la Iglesia, se encontró con un personaje turbio, Michele Sindona, que dirigía una oficina de asesoría fiscal (eso era al menos parte de sus múltiples actividades) en Milán.

Sindona era siciliano, nacido en 1917, producto de la heterogénea formación jesuita, que estudiaba derecho cuando las tropas británicas y estadounidenses invadieron la isla durante la Segunda Guerra Mundial. Otro flagelo que la guerra permitió que se renovara en Sicilia fue la mafia.

Empujada a la clandestinidad por Mussolini, había resurgido con su proverbial apoyo estadounidense y la ayuda complaciente del presidente Roosevelt, quien, como prácticamente todos los presidentes estadounidenses desde la época de Washington (él mismo un Illuminatus), era un activo partidario de las ramificaciones de las sociedades secretas. Uno de los muchos títulos de Roosevelt era el de Caballero de Pitias, que proclamaba su pertenencia a una sociedad basada en la mítica pareja de paganos, Damón y Pitias; además, era portador del fez rojo como miembro de la Antigua Orden Árabe de los Nobles del Santuario Místico.

Sindona prosperó gracias a las pésimas condiciones generadas por la mafia y la guerra. Consiguió un camión y se ganó bien la vida vendiendo artículos diversos y productos de primera necesidad a las tropas. Es dudoso que, como algunos afirman, participara en el espionaje contra los alemanes y en el sabotaje de sus posiciones. Pero pronto se integró en el entorno mafioso que rodeaba a los mandos del ejército estadounidense, que se desplazaban en un coche de lujo que les había regalado la mafia en agradecimiento por sus servicios.

Protegido y patrocinado por los aliados, Sindona pronto se puso al frente de un floreciente mercado negro de e ; y cuando terminó la guerra, siguiendo los pasos de quienes habían agudizado su apetito por el dinero, dio la espalda al sur indigente y se fue a Milán, donde encontró en el arzobispo un colaborador idóneo.

La llegada al poder de Montini estuvo marcada por la llegada a Roma de personas que consternaron bastante a los espectadores más convencionales de la ceremonia vaticana; y como el carácter romano es demasiado agudo para la simple hipocresía, no tardaron en mostrar su desaprobación hacia los publicistas proxenetas, los pseudartistas de todo tipo, los clérigos sin escrúpulos y los diversos parásitos que acudieron en masa al sur y plantaron sus tiendas metafóricas a la sombra de la cúpula de San Pedro.

Roma, declararon los críticos de Montini, estaba siendo invadida de nuevo por bárbaros del norte.

Otros decían que era la mafia. No estaban muy equivocados. Entre los recién llegados se encontraba Michele Sindona, que ya no empujaba una carretilla, sino que se recostaba en un brillante coche con chófer y, sin duda, evaluaba los monumentos papales e imperiales por los que pasaba con ojo de hombre de negocios.

6.

El papa Juan, hablando en nombre del concilio que él mismo había convocado y refiriéndose a su propósito, había dicho: "Nuestra mayor preocupación es que se proteja el depósito sagrado de la doctrina católica". La Iglesia nunca debe apartarse "del patrimonio sagrado de la verdad recibido de los Padres".

No había nada extraño ni revolucionario en ello. Era algo que se había dado por sentado de generación en generación. Pero a medida que avanzaba el Concilio, el Papa cambió de tono y dijo que la Iglesia no se preocupaba por el estudio de los museos antiguos ni de los símbolos del pensamiento del pasado. "Vivimos para avanzar. Debemos avanzar siempre. La vida cristiana no es una colección de costumbres antiguas"; y el papa Pablo, pocas horas después de ser elegido, anunció su intención de consolidar y aplicar el Concilio de su predecesor y, en cierto modo, como veremos, respaldó la segunda de las declaraciones del papa Juan.

En lo que respecta al lector en general, el resultado más destacado del Concilio fue el cambio en la relación entre el comunismo ateo y la Iglesia; y el hecho de que se produjera un giro tan sorprendente demuestra que Mazzini y sus conspiradores no se habían equivocado cuando, tantos años antes, habían depositado sus esperanzas de socavar fatalmente a la Iglesia en un Concilio General. También ilustra los métodos empleados por aquellos que, por muy exaltados que fueran sus títulos eclesiásticos, eran ante todo los defensores del credo revolucionario secreto.

El esquema sobre el comunismo fue acogido con satisfacción por el cardenal polaco Wyszynsky, que había tenido experiencia personal de la vida tras el Telón de Acero. Seiscientos padres conciliares lo apoyaron y 460 firmaron una petición en la que se pedía que se renovara la condena del ateísmo materialista, l o que esclavizaba a parte del mundo.

Sin embargo, cuando se dio a conocer el informe de la Comisión sobre la Iglesia en el mundo moderno, no se hizo referencia al contenido de la petición; y cuando los responsables de la misma presionaron para obtener una explicación, se les dijo que solo se habían emitido dos votos en contra del comunismo.

Pero, preguntaron algunos de los firmantes, asombrados y decepcionados, ¿qué había sido de la gran mayoría que había apoyado la petición? Se les informó de que el asunto no se había puesto en conocimiento de todos los Padres conciliares, ya que unos 500 de ellos se habían desplazado a Florencia, donde se celebraban los actos conmemorativos de Dante.

Aún insatisfechos, aquellos que habían sido tan claramente superados presionaron al jesuita Robert Tucci, un miembro destacado de la comisión correspondiente, para que les diera una explicación. Les dijo que sus sospechas eran infundadas. No había habido negociaciones ni intrigas entre bastidores. Solo podía significar que la petición se había "topado con un semáforo en rojo por el camino" y, por lo tanto, se había estancado.

Otra explicación era que la intervención no había llegado dentro del plazo establecido y, por lo tanto, había pasado desapercibida.

La discusión continuó, y dos de los Padres del Concilio declararon que habían entregado personalmente la intervención firmada a la Secretaría General a tiempo; y cuando se demostró que era cierto, los que hasta entonces habían bloqueado la condena del comunismo dieron marcha atrás.

Se llamó al arzobispo Garonne de Toulouse para que aclarara el asunto, y este admitió la llegada puntual de la petición, junto con la negligencia de quienes debían haber transmitido el asunto a los miembros de la Comisión. Su incumplimiento significaba que la petición no había sido examinada . Pero hubo más incoherencias incluso por parte de quienes admitieron el error.

El arzobispo dijo que se habían presentado 332 intervenciones. Otro citó la cifra de 334, pero también fue desmentida cuando se anunció que el total que había llegado a tiempo era de 297.

Hubo un intento más por parte de quienes deseaban que se reafirmara la condena original del comunismo por parte de la Iglesia. Se trataba de una solicitud para comprobar los nombres de los 450 prelados que habían firmado la petición. Pero fue rechazada. La petición se había añadido a los documentos recopilados relacionados con el caso, y simplemente no estaban disponibles. Así que, como en todos estos asuntos, los tradicionalistas se desanimaron. Su causa se extinguió y los modernistas, confiados como siempre, siguieron en posesión del campo.

Su victoria, y la de las sociedades secretas que manipularon el Concilio, había sido presagiada por el cardenal Frings, uno de los miembros del consorcio germanoparlante, cuando dijo que cualquier ataque al comunismo sería estúpido y absurdo, sentimientos que fueron repetidos por la prensa controlada internacionalmente. Y al mismo tiempo, como para arrojar luz sobre la rendición sin precedentes de la Iglesia ante su enemigo (que muchos, hace unos años, habrían considerado impensable), el cardenal Josef Beran, arzobispo exiliado de Praga que entonces vivía en Roma, recibió un recorte de un periódico checoslovaco.

En él, uno de sus líderes políticos se jactaba de que los comunistas habían logrado infiltrarse en todas las comisiones que dirigían el curso del Concilio, una afirmación que quedó bien demostrada cuando se emplearon tácticas similares a las descritas, con igual éxito, en todas las fases de las sesiones.

Un ejemplo típico se produjo durante el debate sobre las órdenes religiosas. A los oradores de derecha, que habían manifestado previamente su intención de intervenir, no se les permitió utilizar el micrófono. Sin embargo, se puso a disposición de sus oponentes de izquierda, cuyos nombres solo se habían entregado esa misma mañana. Los indignados por haber sido silenciados presionaron para que se llevara a cabo una investigación oficial. Se les denegó, por lo que exigieron ver al prelado que había actuado como moderador en la ocasión, el cardenal Dopfner. Pero este no estaba disponible, ya que se había ido a Capri para pasar un largo fin de semana.

Cuando consiguieron una entrevista, el cardenal se disculpó y luego les pidió fríamente que renunciaran a su derecho a hablar. Naturalmente, se negaron, tras lo cual el cardenal prometió leer en voz alta un resumen de los discursos que habían preparado. Pero los que se habían reunido en la sala del Consejo apenas pudieron reconocer las versiones que escucharon. Habían sido considerablemente acortadas, su significado era confuso y, en algunos casos, falsificado. Entonces, como era habitual en ellos, los objetores se rindieron, derrotados por su propio letargo, ¿o fue por los cambios y la persistencia de aquellos que habían acudido al Consejo con un propósito definido y un patrón que se repetía una y otra vez a lo largo de las sesiones?

Un día a finales de octubre, la atención del Concilio se centró en una figura que se levantó para hablar. Se trataba del cardenal Alfredo Ottaviani, uno de los miembros más capaces de la Curia, que llevaba consigo el recuerdo de los grandes días de Pío XII, por lo que era respetado por algunos y temido o detestado por otros. Algunos rehuían su mirada, que, según sus enemigos, se debía a que tenía mal de ojo. Su mirada podía resultar desconcertante, ya que había nacido en el barrio pobre del Trastevere, donde una enfermedad ocular, que había causado estragos sin recibir atención médica, había afectado a muchos, y ahora, a sus setenta y tantos años, estaba casi ciego.

Cuando se levantó, los progresistas del Concilio intercambiaron miradas significativas. Sabían lo que se avecinaba. Estaba a punto de criticar la nueva forma de la misa, obra de monseñor Annibale Bugnini (que nos proponemos examinar más detenidamente más adelante).

Aclamada por los progresistas y deplorada por los tradicionalistas como una innovación fatal, había provocado una división más profunda dentro del Concilio que cualquier otro tema.

Nadie dudaba del bando en el que se situaría Ottaviani, y sus primeras palabras lo dejaron claro: ¿Queremos provocar asombro, quizá escándalo, entre el pueblo cristiano, introduciendo cambios en un rito tan venerable, aprobado por tantos siglos y tan familiar ahora? El rito de la Santa Misa no debe ser tratado como si fuera un , una pieza de tela que se puede remodelar según el capricho de cada generación...

El tiempo de intervención de los oradores era de diez minutos. El cardenal Alfrink, encargado de dirigir los trabajos, tenía el dedo sobre la campana de advertencia. Este orador era demasiado ferviente y lo que tenía que decir era desagradable para muchos. Pasaron los diez minutos. Sonó la campana y el cardenal Alfrink hizo una señal a un técnico, que apagó el micrófono. Ottaviani confirmó lo que había sucedido golpeando el instrumento. Luego, totalmente humillado, volvió tambaleándose a su asiento, tanteando con las manos y golpeando la madera a su paso. Hubo quienes entre los Padres Conciliares se rieron entre dientes. Otros aplaudieron.

Estas páginas no pretenden tratar la autoridad papal. Pero hay que abordarla, aunque sea brevemente, ya que quienes aún dudan de la participación de la sociedad secreta y del grado de poder que le he atribuido pueden señalar el hecho de que una de sus afirmaciones más extremas, "El papado caerá", no se ha cumplido. Porque el papado sigue existiendo.

Existe, sí. Pero ha cedido el paso a un espíritu de colectivismo que nunca se habría acreditado en los días en que Pedro y sus sucesores, en virtud de la autoridad conferida a Pedro por Cristo, eran conocidos por haber recibido la jurisdicción suprema sobre la Iglesia.

Incluso mientras el Concilio aún estaba en sesión, muchos de sus miembros, encabezados por el obispo de Baltimore, negaban la doctrina de la infalibilidad papal, que, al referirse específicamente a la fe y la moral, era mucho más restringida de lo que muchos piensan; y movimientos similares en otros lugares llevaron a su sustitución por una nueva y torpe definición: la colegialidad episcopal de los obispos.

Esa delegación de autoridad se ha producido ahora. Se ha transferido más responsabilidad a los obispos, y la aceptación general de ese cambio ha ido seguida de una disminución correspondiente del monopolio del poder papal.

Quizá no sea más que un primer paso hacia el cumplimiento de la confiada afirmación: "El papado caerá".

7.

Annibale Bugnini, nombrado arzobispo titular de Dioclentiana por Pablo VI en 1972, tenía motivos para estar satisfecho. Su servicio a la Iglesia en el campo de los estudios y la reforma litúrgicos a lo largo de toda su vida había sido recompensado. Ahora, como secretario de la Comisión para la aplicación de la Constitución sobre la liturgia, era una figura clave en la revolución que llevaba trece años pendiente. Incluso antes de la apertura del Concilio Vaticano II, ya se perfilaba como una figura decisiva en el futuro de la Iglesia, que en gran medida dependía de la misa, para la cual había compilado nuevos ritos y un nuevo orden como signo de los avances que estaban por venir.

Su trabajo implicaba una reforma de los libros litúrgicos y la transición del latín a la lengua vernácula, todo ello en etapas fáciles que no alarmaran a los desprevenidos. La imposición de normas nuevas y diferentes se estaba llevando a cabo con tanto éxito que el cardenal Villot, uno de sus promulgadores, pudo afirmar que, tras solo doce meses, ya estaban en vigor no menos de ciento cincuenta cambios; mientras que, en cuanto a la estipulación obsoleta de que "se mantendrá el uso del latín en los ritos latinos", la misa ya se celebraba en treinta y seis dialectos, en patois e incluso en una especie de jerga coloquial.

Bugnini había puesto en práctica, con la aprobación de Pablo VI, el programa de Lutero, en el que se reconocía que "cuando se destruya la misa, se derribará el papado, porque el papado se apoya en la misa como en una roca". Es cierto que un opositor ortodoxo, Dietrich von Hildebrand, había llamado a Bugnini "el espíritu maligno de la reforma litúrgica". Pero ninguna consideración de este tipo figuraba en la mente del arzobispo cuando, un día de 1975, salió de una sala de conferencias donde había asistido a una reunión de una de las comisiones en las que tenía voz, y comenzó a subir una escalera. De repente, se detuvo. Sus manos, que deberían haber sostenido un maletín, estaban vacías. El maletín, que contenía muchos de sus documentos, se había quedado en la sala de conferencias. Como no era hombre de prisas, pues era corpulento y necesitaba hacer ejercicio, corrió de vuelta y echó un vistazo a las sillas y mesas. El maletín no estaba por ninguna parte.

En cuanto terminó la reunión, un fraile dominico entró para poner orden en la sala.

Pronto se fijó en el maletín y lo abrió con la esperanza de encontrar el nombre de su propietario. Apartó los documentos relacionados con la Comisión y se encontró con una carpeta que contenía cartas es.

Efectivamente, allí estaba el nombre de la persona a quien habían sido enviadas, pero —y el dominico se quedó sin aliento— el tratamiento no era "Su Excelencia" o "Reverendísimo Annibale Bugnini, arzobispo de Dioclentiana", sino "hermano Bugnini", mientras que las firmas y el lugar de origen indicaban que procedían de dignatarios de sociedades secretas de Roma.

El papa Pablo VI, que, por supuesto, estaba en el mismo saco que Bugnini, tomó rápidamente medidas para evitar que se extendiera el escándalo y para calmar la consternación de los progresistas que, inocentes de toda malicia, no tenían otra opinión que la dictada por los medios de comunicación. Bugnini debería haber sido destituido, o al menos llamado al orden. Pero, en lugar de eso, para guardar las apariencias, fue nombrado nuncio apostólico en Irán, un puesto en el que no había mucho que hacer en materia diplomática, ya que el Gobierno del Sha no tenía tiempo para ninguna religión occidental, y donde el sacerdote que tuvo la desgracia de ser desterrado allí, aunque solo fuera por un tiempo, encontró su función tan limitada como su entorno, que consistía en dos habitaciones escasamente amuebladas en una casa por lo demás vacía.

El desenmascaramiento de Bugnini dio un paso más cuando el escritor italiano Tito Casini, preocupado por los cambios en la Iglesia, lo dio a conocer en La fumata di Satana (La humareda de

Satanás), una novela publicada en abril de 1976. Luego vinieron las esperadas negativas y evasivas. Una fuente vaticana declaró que las razones de la destitución de Bugnini debían permanecer en secreto, aunque se admitió que los motivos que la motivaron eran "más que convincentes". Le Figaro publicó una negación de cualquier conexión con sociedades secretas en nombre de Bugnini. La Oficina de Información Católica desmintió su nombre al profesar total ignorancia sobre el caso. El arzobispo Bugnini negó en más de una ocasión cualquier afiliación a sociedades secretas. Todo ello parece muy inútil, ya que el Registro Italiano revela que se unió a una de las sociedades el 23 de abril de 1963 y que su nombre en clave era Buan.

8.

El 8 de diciembre de 1965, el papa Pablo se enfrentó a los obispos reunidos, levantó ambos brazos en alto y anunció: "En nombre de Nuestro Señor Jesucristo, id en paz".

El Concilio Vaticano II había terminado, y quienes escucharon al papa Pablo dieron rienda suelta a los sentimientos de victoria o derrota que habían surgido entre ellos durante las reuniones.

Los conservadores estaban resentidos, indignados, e insinuaban una contraofensiva que nunca se llevaría a cabo. Acordaron entre ellos que el progreso de la Iglesia se había detenido por una medida que era a la vez imprudente e innecesaria. Uno de sus portavoces, el cardenal Siri, habló de resistencia. "No vamos a estar sujetos a estos decretos", pero los decretos se aplicaron, tal y como había prometido el papa Pablo, ante la creciente perplejidad de los católicos, para quienes la Iglesia, ahora presa de las novedades y el desorden, había perdido su autoridad.

Los liberales o progresistas, seguros de haber llevado a buen término los designios de las sociedades secretas, estaban exultantes. El Concilio, dijo el teólogo suizo Hans Kung, había cumplido con creces los sueños de la *vanguardia*. Todo el mundo religioso estaba ahora impregnado de su influencia, y ningún miembro del Concilio "volvería a casa tal y como había venido". "Yo mismo", continuó, "nunca esperé tantas declaraciones audaces y explícitas de los obispos en el foro del Concilio".

En un tono similar, el dominico Yves Congar, un izquierdista de toda la vida, anunció que los fracasos pasados de la Iglesia se habían debido a que estaba impregnada del espíritu de la cultura latina-occidental. Pero esa cultura, se alegró de anunciar, había llegado a su fin.

El reformador más radical, el cardenal Suenens, ejecutó una danza mental de triunfo. Recordó el Concilio de Milán, celebrado en el año 313, en el que el emperador Constantino concedió total tolerancia a los cristianos y equiparó su fe a la que, hasta entonces, había sido la religión oficial del Estado. Ese decreto siempre había sido un hito en la historia de la Iglesia. Pero ahora el primado belga, conocido por sus compañeros conspiradores como Lesu, podía tirar por la borda todos esos recuerdos trascendentales. Estaba en el bando ganador. Desafió a quienes diferían de él. "¡La era de Constantino ha terminado!". Además, afirmaba que podría elaborar una impresionante lista de tesis que, habiendo sido enseñadas ayer en Roma, habían sido creídas, pero que en un , los Padres del Concilio las habían descartado de un plumazo.

Estas señales de peligro fueron reconocidas por Malachi Martin, antiguo jesuita y profesor del Pontificio Instituto Bíblico de Roma. "Mucho antes del año 2000 —dijo—, ya no existirá una institución religiosa reconocible como la Iglesia Católica Romana y Apostólica de hoy... No habrá control centralizado, ni uniformidad en la enseñanza, ni universalidad en la práctica del culto, la oración, el sacrificio y el sacerdocio".

¿Se pueden detectar los primeros signos de esto en el informe de la Comisión Internacional Anglicano-Católica Romana publicado en marzo de 1982?

Una evaluación más precisa del período posconciliar que la realizada por Malachi Martin apareció en el *boletín del American Flag Committee, en* 1967. Comentando el "deterioro más marcado y rápido de la determinación antibolchevique del Vaticano" desde la época de Pío XII, continúa diciendo que en menos de una década la Iglesia se ha transformado "de enemiga implacable del comunismo en defensora activa y bastante poderosa de la coexistencia tanto con Moscú como con la China Roja". Al mismo tiempo, los cambios revolucionarios en sus enseñanzas seculares han acercado a Roma cada vez más, no al protestantismo tradicional, como suponen muchos laicos católicos, sino al neopaganismo humanista del Consejo Nacional y Mundial de Iglesias".

Pero si el Concilio no logró nada más, al menos permitió que prosperaran los restauradores. Se vendieron alrededor de medio millón de tazas de café en los bares.

Cuarta parte

El diablo ha recuperado sus derechos de ciudadanía en la República de la cultura.

Giovanni Papini.

La publicidad alcanzó su máxima cobertura cuando se anunció, en el verano de 1965, que el papa Pablo VI visitaría Nueva York a finales de ese año para dirigirse a la Asamblea de las Naciones Unidas. Se anunció como un acontecimiento de la máxima importancia que sin duda traería resultados que no pasarían desapercibidos para el mundo; pero también hubo especulaciones sobre por qué los sectores no católicos, e incluso anticatólicos, estaban dando lugar a la misma oleada de entusiasmo que había marcado la elección de Juan XXIII.

¿Podría ser que el mismo poder estuviera moviendo los hilos entre bastidores para influir en el tono de la prensa, la radio y la televisión? Ya hemos evaluado, en cierta medida, el carácter y las inclinaciones de Pablo VI. Echemos ahora un vistazo a la formación y la composición de las Naciones Unidas.

Su tono era principalmente comunista, su carta fundacional, firmada en 1943, se basaba en la Constitución de la Rusia soviética, mientras que su propósito y sus principios se decidieron en una conferencia de ministros de Asuntos Exteriores celebrada en Moscú.

Los secretarios del Consejo de Seguridad de las Naciones Unidas, entre los años 1946 y 1962, fueron Arkady Sobelov y Eugeny Kiselev, ambos comunistas. Una figura destacada de la

Organización de las Naciones Unidas para la Educación, la Ciencia y la Cultura (, UNESCO) fue Vladimir Mailmovsky, comunista. La secretaria general de la UNESCO era Madame Jegalova, comunista; mientras que el presidente, el vicepresidente y los nueve jueces de la "Corte Internacional de Justicia" eran todos comunistas.

Sin embargo, estas eran personas típicas a las que Pablo VI colmaba de elogios y en las que ponía su esperanza para la salvación del mundo, mientras que la prensa y la radio, sometidas al mismo control internacional que las Naciones Unidas, seguían hablando de ese organismo como digno de respeto.

Haciéndose pasar por estrictamente neutral y con la intención declarada de promover la paz mundial, pronto mostró un claro sesgo a favor de los movimientos guerrilleros de inspiración comunista cuyo objetivo, en varias partes del mundo, era el derrocamiento de los gobiernos establecidos. Esto se hizo con el pretexto de liberar a los pueblos de la opresión, pero el objetivo último de la Asamblea, entonces como ahora, era instaurar un sistema totalitario en el que desaparecieran la soberanía nacional y las culturas.

Como consecuencia de ello, tal y como pusieron de manifiesto las organizaciones sociales y económicas secundarias que surgieron de la Asamblea, se instauraría una censura virtual cuya voz era predominantemente atea.

En efecto, se había observado que los países más ortodoxos, como Italia, Austria, España, Portugal e Irlanda, habían sido excluidos de la fundación original de la Asamblea, mientras que la Rusia bolchevique, desde su puesto permanente en el Consejo de Seguridad, poseía un veto que podía reducir las decisiones de la Asamblea a una mera expresión de palabras, sin efecto alguno, juicio que puede aplicarse con justicia a todas las deliberaciones de las Naciones Unidas desde el día de su fundación hasta el presente.

Se pueden aportar pruebas más concretas de estas restricciones si examinamos el historial de un delincuente profesional que llegó a ocupar un lugar destacado en la vida europea a través de las

Naciones Unidas. Se trata de Meyer Genoch Moisevitch Vallakh, o Wallach, quien, antes de la guerra de 1914, surgió del tormentoso panorama de la vida política rusa como una figura "buscada" que consideró más seguro y rentable extender sus actividades a países que, hasta entonces, estaban menos convulsos.

Trabajando bajo diversos nombres, entre ellos Buchmann, Maxim Harryson, Ludwig Nietz, David Mordecai y Finkelstein, saltó a la fama en París en 1908, cuando participó en el robo de doscientos cincuenta mil rublos del Banco de Tiflis. Fue deportado, pero poco después volvió a meterse en problemas por traficar con billetes robados.

Su oportunidad llegó en 1917, cuando la Revolución Rusa lo llevó a él y a los de su clase a la superficie. Ahora, bajo el respetable seudónimo de Maxim Litvinoff, se convirtió en comisario soviético de Asuntos Exteriores. Su siguiente paso fue la presidencia del Consejo de la Sociedad de Naciones. Luego llegó a Londres como embajador soviético ante la Corte de St. James, y como tal se convirtió en una figura familiar e influyente en los círculos reales y diplomáticos.

Como prueba adicional del declive de nuestros asuntos políticos públicos y e es, cabe señalar que el primer secretario general de las Naciones Unidas fue Alger Hiss, que había sido condenado por perjurio en los tribunales estadounidenses. Desempeñó un papel destacado en la elaboración de la Carta de las Naciones Unidas siguiendo las directrices ruso-comunistas.

Sin embargo, estas consideraciones no pesaron mucho en los fieles, que pensaban que el discurso y la aparición del Papa ante una audiencia mundial serían una oportunidad de oro para el avance de la enseñanza papal. Irrumpiría en un mundo dubitativo e inseguro con una certeza que nunca antes había experimentado. Muchos oyentes, por primera vez en su vida, se encontrarían cara a cara con la realidad de la religión. Solo la Iglesia tenía algo realmente importante que decir, que podía añadir un significado espiritual a la rutina de la vida cotidiana.

Medio siglo antes, Pío X había dado instrucciones y marcado directrices que eran pertinentes en todo lugar y en todo momento. Pero su audiencia había sido tan limitada como sus medios para hacerse oír. Ahora le correspondía al papa Pablo hacer eco de las palabras de su predecesor, pero esta vez ante una congregación casi universal a la que se podía llegar a través del medio de las Naciones Unidas.

Pío había dicho: "No es necesario que señale que el advenimiento de la democracia mundial no puede tener ninguna relevancia para la labor de la Iglesia en el mundo... la reforma de la civilización es esencialmente una tarea religiosa, ya que la verdadera civilización presupone un fundamento moral, y no puede haber un fundamento moral sin una religión verdadera... esta es una verdad que puede demostrarse con la evidencia de la historia".

Pero el papa Pablo no tenía intención de respaldar lo que había dicho Pío. En lugar de un líder religioso hablando el 4 de octubre de 1965, podría haber sido un discípulo de Jean Jacques Rousseau disertando sobre la deificación de la naturaleza humana que, expresada en la declaración de los Derechos del Hombre del 12 de agosto de 1789, dio paso a la Revolución Francesa.

Los Derechos del Hombre, que se definieron con entusiasmo como libertad, igualdad y fraternidad, condujeron al culto del hombre y a la elevación del hombre en lugar de Dios, de lo que se deducía que todas las formas religiosas y las instituciones como el gobierno, la vida familiar y la propiedad privada eran denigradas como partes del antiguo orden que estaba a punto de desaparecer.

Cuando se hicieron evidentes los efectos del Concilio Vaticano II, el doctor Rudolf Gruber, obispo de Ratisbona, se vio llevado a observar que las ideas principales de la Revolución Francesa, "que representa un elemento importante en el plan de Lucifer", estaban siendo adoptadas en muchos ámbitos del catolicismo. Y el papa Pablo, hablando directamente a una batería de micrófonos que transmitían al mundo, dio amplias pruebas de ello.

No hizo ninguna referencia a las reivindicaciones espirituales ni a la importancia de la religión. "Contemplad el día que hemos esperado durante siglos... Este es el ideal con el que ha soñado la humanidad en su camino a través de la historia... Nos atreveríamos a llamarlo la mayor esperanza del mundo... Es vuestra tarea aquí —dijo a los miembros de la Asamblea— proclamar los derechos y deberes fundamentales del hombre... Somos conscientes de que sois los intérpretes de todo lo que es permanente en la sabiduría humana; casi podríamos decir de su carácter sagrado".

El hombre había alcanzado la madurez y estaba cualificado para vivir según una moral filosófica que, sin deber nada a la autoridad, era e , creada por él mismo. Las Naciones Unidas, destinadas a desempeñar el papel principal en el mundo, eran "la última esperanza de la humanidad". Así pues, era en las estructuras seculares donde el hombre debía buscar la estabilidad y la redención de la humanidad; en una palabra, en sí mismo; sentimientos que no habrían estado fuera de lugar en las salas del comité de la Revolución Francesa; sentimientos que nadie habría pensado oír expresar por un Papa, ya que carecían de toda referencia a las reivindicaciones y al mensaje tradicional de la Iglesia.

Que esto se entendió y se apreció quedó demostrado por la acogida que le dispensaron al término de su discurso aquellos de una determinada tendencia política que constituían, con mucho, la mayor parte de su audiencia en directo. Estuvo rodeado de representantes de Rusia, China y los Estados satélites de la Unión Soviética, que le daban palmadas en la espalda y le estrechaban la mano. Concertó nuevas reuniones, que fueron en total cuatro, con el ministro de Asuntos Exteriores soviético Gromyko (de nombre real Katz) y su esposa. Recibió felicitaciones de Nikolái Podgorny, miembro del Politburó, y mantuvo cálidos intercambios con Arthur Goldberg, un destacado miembro del Partido Comunista.

El papa Pablo había abierto el mundo de la religión a sus viejos y acérrimos enemigos, los defensores de la reforma social que negaban la revelación. El "diálogo" estaba ahora muy de moda, y se daba por sentado que Moscú y el Vaticano entablarían conversaciones. El principal líder religioso del mundo había propagado el evangelio social, tan querido por los revolucionarios, sin hacer una sola referencia a las doctrinas religiosas que ellos consideraban perniciosas. Las diferencias entre ambas partes no eran tan profundas y definitivas como se había pensado en un principio. El Papa y quienes se agolpaban a su alrededor, a veces con ambos brazos entrelazados, podían ser aliados a partir de ese momento.

Ahora solo quedaba culminar una visita verdaderamente histórica con un rito iniciático que sellara esta nueva realidad.

2.

"He aquí que tu Rey viene a ti, humilde, montado en un asno". Así escribió San Mateo (21,5) sobre la entrada de Cristo en Jerusalén.

Pero no fue así como el representante de Cristo recorrió Broadway. El papa Pablo viajaba en un Lincoln descapotable de siete plazas, entre un bosque de banderas y guirnaldas, escoltado por motocicletas de la policía y miles de agentes que flanqueaban el camino y contenían a la multitud, que no sabía si ponerse de pie, arrodillarse o inclinar la cabeza en espera de una bendición, ni si saludar con la mano o levantar el brazo; con dos helicópteros de vigilancia sobrevolando y dando vueltas, sirenas sonando y, en casi todos los edificios, luces fluorescentes que competían innecesariamente con la luz del día, y el edificio de la Plaza de las Naciones Unidas con el letrero "Bienvenido, Papa Pablo VI".

Esto siguió a una pregunta que el cardenal Vagnozzi, delegado apostólico en Nueva York, le hizo al papa Pablo. ¿Cuál sería el próximo objetivo de su visita?

La sala de meditación del edificio de las Naciones Unidas, le dijo Paul.

El cardenal se sorprendió, se quedó impactado. Tenía buenas razones para afirmar que el Santo Padre no podía ir allí.

Pero fue.

La sala, junto con otras dos similares, una en Wainwright House, Stuyvesant Avenue, Rye, Nueva York, y otra en el Capitolio de los Estados Unidos, representaba la fase inicial de un proyecto cuya culminación se materializaría (de forma concreta) con la construcción del llamado Templo del Entendimiento, en cincuenta acres de terreno a orillas del Potomac, en Washington D. C.

Formaba parte de un proyecto para crear un organismo mundial interreligioso impulsado por una tal Judith Dickerman Hollister, que reveló su inclinación antitradicional y pro-misteriosa al convertirse al sintoísmo. Como tal, creía en el mito japonés de que dos padres divinos universales descendieron a una isla formada por gotas de sal. Allí, la diosa dio a luz a otras islas, con montañas y ríos, y finalmente a toda una galaxia de dioses. Tras esa asombrosa hazaña, la dama se retiró de su hogar rodeado por el mar y nunca más se la volvió a ver.

Así, armada con un aire de misterio, un halo de iluminación interior y un comportamiento excéntrico, la Sra. Hollister encontró una entusiasta defensora en la esposa del presidente, Eleanor Roosevelt, a quien algunos de sus íntimos consideraban algo por debajo de la normalidad mental.

A partir de ahí, solo faltaba un paso para conseguir el respaldo del Gobierno de los Estados Unidos, mientras que John D. Rockefeller y varios de sus asociados en el frente comunista que él mismo fundó contribuyeron a lo que se denominó las Naciones Unidas Espirituales. Otro millonario procomunista, Marshall Field, que ya ha sido señalado como mecenas del anarquista Saul David Alinsky, ayudó a sufragar la decoración de la sala. La Fundación Ford también aportó ayuda financiera.

La Lucis Press, que publica material impreso para las Naciones Unidas, elaboró un boletín cuidadosamente editado que supuestamente trataba del significado y el propósito de la sala. Los que sospechan de la pueden encontrar motivos para reflexionar en el hecho de que esta editorial, cuando comenzó a principios de este siglo, se conocía como Lucifer Press. Ahora opera en el número 3 de Whitehall Court, Londres, S.W.1.

Es muy posible que se mantuviera ese título al referirse a la creación de la Sra. Hollister, ya que la sala (y esto explica la conmoción que sintió el cardenal Vagnozzi) era un centro de los Illuminati, dedicado al culto del Ojo que todo lo ve, que, bajo un sistema de alegorías y secretos velados, traducidos por los

Maestros de la Sabiduría, estaba dedicado al servicio de cultos paganos y a la destrucción del cristianismo en favor de las creencias humanísticas.

3.

Dos puertas, cada una con paneles de vidrio tintado, dan acceso a la sala. Un guardia se encuentra fuera y otro está apostado justo dentro de la puerta. El visitante se encuentra con una semioscuridad y un silencio en el que sus pasos son absorbidos por una gruesa alfombra azul que cubre el suelo. Un pasillo interior abovedado, aún envuelto en una quietud nocturna, se abre a un espacio de unos nueve metros de largo, en forma de cuña, sin ventanas y con una única luz amarilla, que parece provenir de ninguna parte, brillando sobre la superficie de un altar que se encuentra en el centro, un bloque de mineral de hierro cristalino de altura media que se sabe que pesa entre seis y siete toneladas.

Hay alfombras azules extendidas por el suelo, que en el resto está pavimentado con losas de pizarra azul grisácea. En el extremo más alejado de la sala, donde la penumbra se funde con la sombra total, hay una barandilla baja que solo pueden traspasar los privilegiados.

El fresco mural, de más de dos metros y medio de alto y unos sesenta centímetros de ancho, está iluminado por una luz que proviene de la parte superior. Enmarcado en un panel de acero, parece un conjunto aparentemente sin sentido de diseños geométricos azules, grises, blancos, marrones y amarillos. Pero para aquellos versados en el conocimiento esotérico, las medias lunas y los triángulos presentan una forma definida que toma forma, en el centro y en el círculo exterior del mural, como el Ojo de los Illuminati.

Sin embargo, la atención no se centra en el mural, sino en el altar, dedicado al "sin rostro", del que parece irradiarse el aire de misterio que prevalece en la sala. Y, a medida que los sentidos responden, uno se da cuenta de que otras luces difusas, ocultas en un techo suspendido que coincide con el tamaño de la sala, se suman a la impresión sombría que transmite la viga del altar.

Al final de su misión, el papa Pablo VI recibió una maqueta del entonces futuro Templo del Entendimiento. Los Maestros dieron una bienvenida similar al cardenal Suenens, que más tarde visitó la Sala de Meditación; y, a cambio, los representantes del Templo fueron recibidos en el Vaticano.

El propósito subyacente del Templo quedó claramente revelado en su plano, con el Ojo que todo lo ve, facetado como un diamante en la cúpula central del edificio, reflejando los rayos del sol a través de alas que representaban las seis religiones del mundo: budismo, hinduismo, islam, judaísmo, confucianismo y cristianismo.

El mismo simbolismo se repitió en un banquete al que asistieron unos quinientos partidarios del sincretismo en el Waldorf Astor, donde se representó una pequeña escena en la que un niño, sosteniendo en alto la maqueta de un huevo, fue presentado a la presidenta del Templo, la misma Sra. Dickerman Hollister. Ella golpeó el huevo con una varita y la cáscara se desprendió para revelar un árbol con seis ramas doradas.

Antes de abandonar Estados Unidos, el papa Pablo, para insistir en su renuncia voluntaria a la autoridad espiritual, hizo alarde de despojarse de los símbolos e insignias de la Iglesia. Entregó el anillo papal de diamantes y rubíes, y su cruz pectoral de diamantes y esmeraldas —que contenían cuatrocientos cuatro diamantes, ciento cuarenta y cinco esmeraldas y veinte rubíes— al budista U Thant, entonces secretario general de las Naciones Unidas.

Un joyero estimó que solo las joyas, aparte de su valor tradicional, valían más de cien mil dólares. Se vendieron en una subasta por sesenta y cuatro mil dólares, tras lo cual el comprador las vendió a un tal David Morton, de Orono, Minnesota.

Algunas piezas de estas joyas papales se vieron posteriormente adornando a una artista que apareció en el programa nocturno de televisión Carson.

El anillo "y la cruz continuaron pasando por manos de comerciantes, salas de subastas y tiendas de antigüedades de lujo, y se supo por última vez que se encontraban entre los artículos puestos a la venta en un mercado de Ginebra.

Esta abnegación siguió a la demostración pública del papa Pablo de renunciar a la tiara, la triple corona que denota la Trinidad, la autoridad y los poderes espirituales de la Iglesia. La corona se entregaba al papa en el momento de su coronación con las palabras: "Recibe esta tiara adornada con tres coronas y sabe que eres el padre de príncipes y reyes, guía del mundo y vicario de Jesucristo en la tierra".

El papa Pablo hizo saber que renunciaba a la corona en beneficio de los pobres del mundo, un motivo que fue muy explotado por la prensa y que "caló hondo" en la opinión pública. Pero estaba renunciando a algo que nunca había sido suyo, por lo que no era transferible. Además, una sola palabra suya habría bastado para que todas las misiones y organizaciones caritativas de la Iglesia en todo el mundo abrieran sus arcas para los pobres. En cambio, hizo un gesto teatral al despojarse de los signos externos de dignidad religiosa que, como él y los de su clase bien sabían, era un paso menor que, sumado a otros de su misma índole, formaba parte del proceso de socavamiento del significado interno de la Iglesia.

También utilizó un símbolo siniestro, empleado por los satanistas en el siglo VI, que había sido revivido en la época del Concilio Vaticano II. Se trataba de una cruz torcida o rota en la que se mostraba una figura repulsiva y distorsionada de Cristo, que los magos negros y los hechiceros de la Edad Media habían utilizado para representar el término bíblico "marca de la bestia".

Pero no solo Pablo VI, sino también sus sucesores, los dos Juan Pablo, llevaron ese objeto y lo mostraron para que lo veneraran multitudes que no tenían la menor idea de que representaba al Anticristo. Además, esta exhibición de una figura desecada en un palo retorcido estaba prohibida por el canon 1279, que condenaba el uso de cualquier imagen sagrada que no se ajustara al uso aprobado por la Iglesia. Que se utilizaba con fines ocultistas puede verse en los grabados en madera que se exhiben en el Museo de la Brujería de Bayona, Francia.

Otro aspecto inquietante de la visita del papa Pablo a Estados Unidos fue su aparición en el Yankee Stadium de Nueva York, vestido con el efod, la antigua prenda con un pectoral de doce piedras que representaba a los doce hijos de Jacob, tal y como lo llevaba un e Caifás, el sumo sacerdote del Sanedrín, que pidió la crucifixión de Cristo.

Como si no fuera suficiente con esa innovación tan innecesaria, Su Santidad siguió llevando ese símbolo no cristiano en otras ocasiones, como en la procesión del Vía Crucis en Roma el 27 de marzo de 1964; en una ceremonia en la Plaza de España, en Roma, el 8 de diciembre de 1964; la visita del doctor Ramsay, arzobispo de Canterbury, al Vaticano en 1966; en una recepción de párrocos en la Capilla Sixtina; y en Castelgandolfo en el verano de 1970.

El tono del discurso del papa Pablo VI ante las Naciones Unidas había animado bastante a los progresistas, o elementos de izquierda, dentro de la Iglesia. A los pocos días del regreso de Pablo a Roma, el obispo de Cuernavaca, Mendes Arceo, declaraba que "el marxismo es necesario para realizar el reino de Dios en el momento actual", mientras que el papa Pablo daba a entender que Roma, con el fin de poner fin a una antigua enemistad, estaba dispuesta a reconsiderar las sociedades secretas.

Como parte de ese proceso, se encomendó a monseñor Pezeril la tarea de negociar con un órgano rector de esas sociedades con miras a establecer contactos amistosos.

La memoria de quienes escriben en los periódicos, al igual que la de quienes los toman en serio, es proverbialmente corta. Sin embargo, dado que el discurso del Papa en Nueva York estaba en consonancia con la tendencia predominante, no es de extrañar que la señal que dio allí fuera recogida, algún tiempo después, por el periódico vaticano *L'Osservatore Romano*, que dio a conocer que el mensaje tradicional de la Iglesia había cedido el paso a un concepto menos ortodoxo, al anunciar:

"No hay verdadera riqueza sino el hombre".

(Los dos triángulos entrelazados explican los comentarios de Lantoine de que Satanás es una parte igual e indispensable de Dios, como se ve cuando se invierte la imagen. Traducido simplemente, el lema significa: "Lo que está arriba es igual a lo que está abajo". Revela una idea oculta común de que Dios es tanto bueno como malo, y que Satanás es parte de él).

Quinta parte

> *El velo que cubre el mayor engaño que jamás haya desconcertado al clero y desconcertado a los fieles, sin duda está comenzando a rasgarse.*
>
> Arzobispo Marcel Lefebvre.

Un observador de la escena romana, Georges Virebeau, en[13], cuenta cómo una sensación de sorpresa, cercana a la consternación, se extendió por el Vaticano una mañana de 1976. Los estudiantes, vestidos con sotanas de colores púrpura, violeta o negro, según su nacionalidad, se agrupaban en corrillos y discutían el último número de una revista, La *Borghese*. Algunos, según el autor, sudaban de nervios, pues, aunque la mañana era calurosa, el ambiente que se respiraba a causa de lo que leían les afectaba más que el calor.

El periódico contenía una lista detallada de clérigos, algunos de ellos con cargos muy elevados, que, según se decía, eran miembros de sociedades secretas.

Era una noticia impactante, ya que los estudiantes, que sacudían la cabeza con incredulidad, conocían el derecho canónico, y el canon 2335 declaraba expresamente que todo católico que se uniera a una sociedad de este tipo quedaba excomulgado ipso facto.

---

[13] En *Prélats et Francs-Maçons.* (Henri Coston, París, 1978).

Ya hemos visto que las sociedades secretas habían declarado la guerra a la Iglesia, a la que consideraban el único gran obstáculo que se interponía en su camino hacia la dominación mundial, y que la Iglesia había respondido condenando a esas sociedades y promulgando leyes para su propia protección. El canon 2335 se redactó con ese fin, mientras que el canon 2336 se refería a las medidas disciplinarias que debían aplicarse a cualquier clérigo que fuera inducido a afiliarse a una sociedad. En el caso de un obispo, este perdería todos sus poderes jurídicos y se le prohibiría ejercer las funciones sacerdotales, incluidas la ordenación y la consagración.

El número de advertencias y condenas emitidas por el Vaticano demuestra que la Iglesia consideraba a estas sociedades una amenaza muy peligrosa para su propia existencia. Lo que se considera normalmente el primer caso oficial se produjo bajo el pontificado del papa Clemente XII (1730-1740), que subrayó que la pertenencia a cualquier sociedad de este tipo era incompatible con la pertenencia a la Iglesia.

Once años más tarde, Benedicto XIV lo confirmó en la primera bula papal dirigida contra las sociedades. Pío VI y Pío VII siguieron su ejemplo, y este último se mostró especialmente preocupado por la amenaza que representaban los carbonarios. Tres papas posteriores, León XII, Pío VIII y Gregorio VI, se sumaron a las restricciones. Una condena adicional vino de Pío IX, quien, por cierto, tuvo que enfrentarse a la acusación de ser descendiente de los condes de Mastai-Feretti, que casi con toda seguridad habían estado involucrados en las sociedades. León XIII habló de los conspiradores que pretendían destruir de arriba abajo toda la disciplina religiosa y social nacida de las instituciones cristianas y sustituir la creencia en el espíritu sobrenatural por una especie de naturalismo de segunda mano.

Al igual que los escritos de Voltaire, Diderot y Helvetius habían allanado el camino para la Revolución Francesa, las sociedades secretas, según Pío X (1903-1914), trabajaban para destruir el catolicismo en la Francia moderna.

Tan grande era el peligro para Benedicto XV que ni siquiera las preocupaciones impuestas por la guerra de 1914 pudieron apartarlo definitivamente de su mente; mientras que Pío XI reiteraba que las sociedades secretas derivaban gran parte de su fuerza de la conspiración del silencio que nunca ha dejado de rodearlas.

Aunque se llevó a cabo en gran parte entre bastidores, y por lo tanto lejos de la mirada del público, la lucha entre la Iglesia y las sociedades secretas ha sido más encarnizada y prolongada que cualquier conflicto internacional; la razón es que se ha centrado, en gran parte, en *las ideas*, en una base mental y, por lo tanto, moral; y aunque no se reconoce universalmente, la perspectiva moral influye en toda la naturaleza del hombre más que cualquier conflicto por ganancias personales, territorio o poder positivo.

Por un lado, estaba una religión que, según sus partidarios, se basaba en hechos, en el valor objetivo de la verdad revelada y en la observancia sacramental. Por otro, un sistema basado en ideales humanitarios en el que todos los hombres, liberados de las cadenas del dogma y la ortodoxia, podían participar y estar de acuerdo. La verdad, decían, es relativa, por lo que las afirmaciones de una verdad objetiva y revelada se consideran no solo carentes de valor, sino fundamentalmente falsas.

Así se desarrolló la lucha a lo largo de los siglos, con los que aceptaban el ateísmo, el positivismo o el materialismo, que alcanzó su cúspide con la Revolución Francesa, por un lado; y las críticas vertidas por varios papas, desde Clemente XII a mediados del siglo XVIII hasta Pío XI, fallecido en 1939, por otro.

Las menos condenatorias de esas críticas se referían a las sociedades como "conspiraciones de silencio".

Las más condenatorias las llamaban "sinagogas de Satanás".

Pero no todos sus miembros consideraban la conexión satánica como un estigma. Así es como uno de sus principales archiveros, Albert Lantoine, se esforzó por dirigirse a Pío XII en agosto de 1943: "Me complace decir que nosotros, poseídos por un espíritu crítico, somos siervos de Satanás. Ustedes defienden la verdad y son siervos de Dios. Los dos amos se complementan y se necesitan mutuamente.

Ustedes quieren exterminarnos. ¡Tengan cuidado! La muerte de Satanás marcará la agonía de su Dios. Deben aceptar la alianza con Satanás y admitir que él completa a Dios".

La noticia publicada en el *Borghese,* que tanto alarmó a los estudiantes, fue la culminación de un temor que se había extendido durante algún tiempo entre los elementos más conservadores del Vaticano. La exposición de , el arzobispo Bugnini, en el momento del Concilio Vaticano II, había sido ya bastante impactante.

Pero las revelaciones de *Borghese* eran de una magnitud mayor y se acercaban peligrosamente al nervio más sensible de la Iglesia.

Se sabía que los agentes enemigos llevaban mucho tiempo socavando sus cimientos. Pero mientras la disciplina de la Iglesia se mantuvo firme, era difícil que incluso el infiltrado más ferviente lograra hacerse un hueco en el sacerdocio. Sin embargo, la relajación general y las reformas que siguieron al Concilio del Papa Juan abrieron las puertas no solo a los seminarios, sino también a la Curia, el órgano rector de la Iglesia.

Como algunos de esos agentes ascendieron en la Iglesia y se convirtieron en cardenales y obispos, muchos que de otro modo habrían sospechado fueron engañados. Se pensaba que los títulos eclesiásticos y los cargos que los acompañaban eran una garantía suficiente (aunque en realidad solo eran aparentes). Las manos de los manipuladores se alzaban en señal de bendición y los fieles se arrodillaban.

Las advertencias contra ellos que se emitieron fueron en gran parte ignoradas o cayeron en saco roto contra los muros históricamente impresionantes que rodeaban la Iglesia. "Existe una quinta columna dentro del clero", escribió el padre Arrupe, superior general de los jesuitas, "y trabaja constantemente a favor del ateísmo".

Un tema similar fue expresado por varios teólogos que se reunieron en Ginebra en 1976, como Comité Internacional de Defensa de la Doctrina Católica. "La presencia de los enemigos de la Iglesia, en la estructura interna de la Iglesia, forma parte del misterio de la iniquidad y debe ser desenmascarada".

Pero hasta entonces esos temores no habían tomado una forma más tangible que la de inquietar a los estudiantes, que sentían que su futuro podía verse perturbado por unas revelaciones que no tuvieron ningún efecto entre sus superiores e instructores en el Vaticano. Se ordenó la investigación habitual (por parte de algunos de los eclesiásticos que habían sido señalados como culpables) con el objetivo declarado de localizar el origen de los rumores. Pero no pasó nada, y ninguno de los implicados emitió jamás una negación rotunda o directa.

El artículo *de Borghese* afirmaba tener una lista detallada de los conspiradores que se habían infiltrado en la Iglesia, junto con fechas, números y nombres en clave. Estas acusaciones fueron respondidas por un escritor de *L'Aurora*, M. Jacques Ploncard, quien afirmó que ningún prelado había estado afiliado a una sociedad secreta desde la época de Carlos X, el último de los Borbones que ascendió al trono en 1824 y fue expulsado por la revolución de 1830.

Esto era palpablemente falso, como lo demostraron investigadores decididos que llevaron el ataque al territorio enemigo. Por diversos medios, a veces haciéndose pasar por miembros del Gobierno, consiguieron acceder al Registro Italiano de Sociedades Secretas y elaboraron una lista mucho más larga e impresionante que la publicada en el *Borghese*.

Los datos que figuran a continuación son los de cardenales, arzobispos y obispos que, según afirman quienes lo examinaron, figuran en el Registro. Algunos han fallecido desde que se elaboró la lista, que en un momento dado llegó a incluir a ciento veinticinco prelados. Algunos de los cargos han cambiado de manos.

Pero los nombres y títulos eclesiásticos, junto con las fechas en que fueron iniciados en una sociedad y sus nombres en clave secretos, deben ser objeto de seria consideración, excepto por parte de aquellos católicos que siguen ciegamente las reglas, que se aferran a las palabras de un sacerdote y que consideran parte de su fe no ver ninguna mancha en la Iglesia.

Cabe señalar que el nombre en clave suele incorporar las dos primeras letras del nombre del clérigo.

2.

- **Agostino, cardenal Casaroli.** Secretario de Estado. Prefecto de la Sagrada Congregación de Asuntos Públicos, de la Sagrada Congregación de Obispos y de la Comisión Pontificia para la Revisión del Derecho Canónico. Miembro de la Comisión para Rusia y de la Comisión para América Latina. El prelado más influyente del Vaticano después del Papa, cuyo lugar ocupa en ausencia de este. Se le conoce como el "Kissinger de la diplomacia vaticana". Iniciado en una sociedad secreta el 28 de septiembre de 1957. Nombre en clave secreto: Casa.

- **Leon Joseph, cardenal Suenens.** Primado de Bélgica. Miembro de la Comisión Pontificia para la Revisión del Derecho Canónico. Participó activamente en la Sagrada Congregación de Propaganda Fide, la Sagrada Congregación de Ritos y Ceremonias y la Sagrada Congregación de Seminarios y Estudios Universitarios. Fue delegado y moderador del Concilio Vaticano II, y ha estado vinculado al pentecostalismo protestante, que reduce a las personas a una histeria revivalista. Iniciado el 15 de junio de 1967. Nombre en clave: Lesu.

- **Jean, cardenal Villot.** Fue secretario de Estado de Pablo VI y camarlengo (el chambelán que se hace cargo de los asuntos del Vaticano tras la muerte de un papa). Prefecto de la Sagrada Congregación para los Religiosos y Seculares, y administrador del Patrimonio de la Santa Sede. Provenía de una familia que durante los últimos doscientos años había dado, de padres a hijos, grandes maestros de sociedades secretas, entre ellas los rosacruces. Consciente de que esto se había hecho público, negó enérgicamente estar asociado de ninguna manera con tales sociedades. Una de sus negativas figuraba en una carta, fechada el 31 de octubre de 1976, enviada desde el Vaticano a través de la Nunciatura Apostólica en París, al director de *Lectures Françaises, una* publicación mensual. Decía así: "Habiendo observado que en su reseña de septiembre de 1976 se refería al cardenal Villot como miembro de una sociedad secreta, el cardenal Villot declara de la manera más formal que nunca ha tenido, en ningún momento de su vida, la más mínima relación con ninguna sociedad secreta. Se adhiere estrictamente a las condenas impuestas por los Sumos Pontífices. El cardenal Villot ruega al director de *Lectures Françaises* que publique esta desmentida en un próximo número y le da las gracias de antemano". No podemos evitar preguntarnos cómo el cardenal Villot, que parece haber padecido una memoria inusualmente corta, logró desempeñar su cargo de secretario de Estado. Los registros muestran que fue iniciado en una sociedad secreta el 6 de agosto de 1966 y que, con la esperanza de evitar ser identificado, se le asignaron dos nombres en clave: Jeani y Zurigo.

- **Achille, cardenal Lienart.** Obispo de Lille. Antiguo capitán del ejército francés y ultraliberal de toda la vida. Lideró las fuerzas progresistas en el Concilio Vaticano II, por lo que se decía que "sus ideas eran más rojas que sus vestiduras". Poco antes de su muerte, sorprendió a los presentes en la sala al exclamar de repente: "Humanamente hablando, la Iglesia está muerta". Iniciado el 15 de octubre de 1912. No se ha podido verificar su nombre en clave.

- **Ugo, cardenal Poletti.** Vicario general de la diócesis de Roma y, por tanto, controlador de todo el clero de la ciudad. Miembro de la Sagrada Congregación de los Sacramentos y del Culto Divino. Presidente de las Obras Pontificias y de la Academia Litúrgica. Arcipreste de la Basílica Patriarcal de Letrán. Iniciado el 17 de febrero de 1969. Nombre en clave: Upo.

- **Franco, cardenal Biffi.** Rector de la Universidad Pontificia de San Juan de Letrán. Iniciado el 15 de agosto de 1969. Nombre en clave: Bifra.

- **Michele, cardenal Pellegrino**. Arzobispo de Turín, donde se conserva la Sábana Santa: Iniciado el 2 de mayo de 1960. Nombre en clave: Palmi.

- **Sebastiano, cardenal Baggio**. Prefecto de la Sagrada Congregación de Obispos. Iniciado el 15 de agosto de 1957. Nombre en clave: Seba.

- **Pasquale, cardenal Macchi**. Prelado de honor y secretario de Pablo VI. Tras ser excomulgado por herejía, fue readmitido por el cardenal Villot. Iniciado el 23 de abril de 1958. Nombre en clave: Mapa.

- **Salvatore, cardenal Pappalardo**. Arzobispo de Palermo, Sicilia. Iniciado el 6 de mayo de 1943. Nombre en clave: Salpo.

- **Cardenal Garrone**. Prefecto de la Congregación para la Educación Católica. Hizo saber descaradamente que era miembro de una sociedad secreta, pero no fue destituido ni reprendido públicamente. No se pudo verificar la fecha de iniciación ni el nombre en clave.

- **Arzobispo Annibale Bugnini**. Consultor de la Sagrada Congregación para la Propagación de la Fe y de la Sagrada Congregación de los Ritos. Ya se ha contado la historia de su desenmascaramiento durante el Concilio Vaticano II. Fallecido el 3 de julio de 1982. Iniciado el 23 de abril de 1963. Nombre en clave: Buan.

- **Arzobispo Giovanni Benelli**. Arzobispo de Florencia. Consiguió el nombramiento del cardenal Villot como secretario de Estado en sustitución del ortodoxo cardenal Cicognani. No se ha podido verificar la fecha de iniciación ni el nombre en clave.

- **Arzobispo Mario Brini**. Consultor de la Comisión Pontificia para la Revisión del Derecho Canónico. Secretario de la Sagrada Congregación para las Iglesias Orientales y miembro de la Comisión Pontificia para Rusia. Iniciado el 13 de julio de 1969. Nombre en clave: Mabri.

> **Obispo Michele Buro.** Prelado de la Comisión Pontificia para América Latina. Iniciado el 21 de marzo de 1969. Nombre en clave: Bumi.

> **Obispo Fiorenzo Angelini.** Obispo titular de Massene, Grecia. Delegado del cardenal vicario de Roma para los hospitales. Iniciado el 14 de octubre de 1957. No se pudo verificar su nombre en clave.

> **Monseñor Mario Rizzi.** Prelado de Honor del Santo Padre. Fue responsable de descartar ciertos cánones que formaban parte de los fundamentos de la Iglesia desde los tiempos apostólicos. Iniciado el 16 de septiembre de 1969. Nombre en clave: Mari o Monmari.

> **Monseñor Pio Vito Pinto.** Agregado de la Secretaría de Estado y notario de la Segunda Sección del Tribunal Supremo y de la Signatura Apostólica. Figura como persona muy importante entre las sociedades. Iniciado el 2 de abril de 1970. Nombre en clave: Pimpi.

> **Monseñor Francesco Marchisano.** Prelado de Honor del Santo Padre. Secretario de la Congregación para la Educación Católica. Iniciado el 14 de febrero de 1961. Nombre en clave: Frama.

> **Aurelio Sabattani.** Arzobispo de Giustiniana, provincia de Milán, Italia. Primer secretario de la Suprema Segnatura Apostólica. Iniciado el 22 de junio de 1969. Nombre en clave: Asa.

> **Abino Mensa.** Arzobispo de Vercelli, Piamonte, Italia. Iniciado el 23 de julio de 1969. Nombre en clave: Mena.

> **Enzio D'Antonio.** Arzobispo de Trivento. Iniciado el 21 de junio de 1969. No se ha podido verificar su nombre en clave.

> **Alessandro Gottardi.** Arzobispo de Trento, Italia. Controla a los candidatos con posibilidades de ser elevados a la dignidad de cardenal. Se le llama "Doctor" en las reuniones de la sociedad secreta. Iniciado el 13 de junio de 1959. Nombre en clave: Algo.

➤ **Antonio Travia**. Obispo titular de Termini Imerese. Es el responsable de las escuelas católicas. Iniciado el 15 de septiembre de 1967. Nombre en clave: Atra.

➤ **Giuseppe Mario Sensi**. Obispo titular de Sardi, Asia Menor. Nuncio papal en Portugal. Iniciado el 2 de noviembre de 1967. Nombre en clave: Gimase.

➤ **Francesco Salerno**. Obispo prefecto. Iniciado el 4 de mayo de 1962. Nombre en clave: Safra.

➤ **Antonio Mazza**. Obispo titular de Velia. Iniciado el 14 de abril de 1971. Nombre en clave: Manu.

➤ **Mario Schierano**. Obispo titular de Acrida, provincia de Cosenza, Italia. Capellán jefe de las Fuerzas Armadas italianas. Iniciado el 3 de julio de 1959. Nombre en clave: Maschi.

➤ **Luigi Maverna**. Obispo de Chiavari, Génova, Italia. Iniciado el 3 de junio de 1968. Nombre en clave: Luma.

➤ **Aldo Del Monte**. Obispo de Novara, Piamonte, Italia. Iniciado el 25 de agosto de 1969. Nombre en clave: Adelmo.

➤ **Marcello Morganta**. Obispo de Ascoli, Piceno, en el este de Italia. Iniciado el 22 de julio de 1955. Nombre en clave: Morma.

➤ **Luigi Bettazzi**. Obispo de Lyrea, Italia. Iniciado el 11 de mayo de 1966. Nombre en clave: Lube.

➤ **Gaetano Bonicelli**. Obispo de Albano, Italia. Iniciado el 12 de mayo de 1959. Nombre en clave: Boga.

➤ **Salvatore Baldassarri**. Obispo de Rávena, Italia. Iniciado el 17 de febrero de 1958. Nombre en clave: Balsa.

➤ **Vito Gemmiti**. Miembro de la Sagrada Congregación de Obispos. Iniciado el 25 de marzo de 1968. Nombre en clave: Vige.

➤ **Pier Luigi Mazzoni**. Miembro de la Sagrada Congregación de Obispos. Iniciado el 14 de septiembre de 1959. Nombre en clave: Pilum.

> **Ernesto Basadonna.** Prelado de Milán. Iniciado el 14 de septiembre de 1963. Nombre en clave: Base.

> **Mario Bicarelli.** Prelado de Vicenza, Italia. Iniciado el 23 de septiembre de 1964. Nombre en clave: Bima.

> **Salvatore Marsili.** Abad de la Orden de San Benito de Finalpia, cerca de Módena, Italia. Iniciado el 2 de julio de 1963. Nombre en clave: Salma.

> **Annibale Ilari.** Abad de Sua Santita. Iniciado el 16 de marzo de 1969. Nombre en clave: Ila.

> **Franco Gualdrini.** Rector de Capri. Iniciado el 22 de mayo de 1961. Nombre en clave: Grefra.

> **Lino Lozza.** Canciller de la Academia Romana de Santo Tomás de Aquino. Iniciado el 23 de julio de 1969. Nombre en clave: Loli.

> **Daimazio Mongillo.** Profesor de Teología Moral Dominicana, Instituto de los Santos Ángeles, Roma. Iniciado el 16 de febrero de 1969. Nombre en clave: Monda.

> **Flaminio Cerruti.** Jefe de la Oficina de Estudios Universitarios de la Congregación. Iniciado el 2 de abril de 1960.

> **Enrico Chiavacci.** Profesor de Moral en la Universidad de Florencia. Iniciado el 2 de julio de 1970. Nombre en clave: Chie.

> **Carmelo Nigro.** Rector del Seminario Pontificio de Estudios Superiores. Iniciado el 21 de diciembre de 1970. Nombre en clave: Carni.

> **Carlo Graziani.** Rector del Seminario Menor del Vaticano. Iniciado el 23 de julio de 1961. Nombre en clave: Graca.

> **Luigi Belloli.** Rector del Seminario Lombardo. Iniciado el 6 de abril de 1958. Nombre en clave: Bella.

> **Virgilio Noe.** Jefe de la Sagrada Congregación de Culto Divino. Iniciado el 3 de abril de 1961. Nombre en clave: Vino.

> **Dino Monduzzi.** Regente del Prefecto de la Casa Pontificia. Iniciado el 11 de marzo de 1967. Nombre en clave: Mondi.

> **Vittorio Palistra.** Asesor jurídico de la Sagrada Rota del Estado del Vaticano. Iniciado el 6 de mayo de 1943. Nombre en clave: Pavi.

> **Giuseppe Ferraioli.** Miembro de la Sagrada Congregación de Asuntos Públicos de la Iglesia. Iniciado el 24 de noviembre de 1969. Nombre en clave: Gife.

> **Alberto Bovone.** Subsecretario del Sagrado Oficio. Iniciado el 30 de abril de 1967.

> **Terzo Nattelino.** Viceprefecto de los Archivos de la Secretaría del Vaticano. Iniciado el 17 de junio de 1957. Nombre en clave: Nate.

> **Georgio Vale.** Sacerdote oficial de la diócesis de Roma. Iniciado el 21 de febrero de 1971. Nombre en clave: Vagi.

> **Dante Balboni.** Asistente de la Comisión Pontificia para los Estudios Bíblicos del Vaticano. Iniciado el 23 de julio de 1968. Nombre en clave: Balda.

> **Vittorio Trocchi.** Secretario para los Laicos Católicos en el Consistorio de las Consultas del Estado del Vaticano. Iniciado el 12 de julio de 1962. Nombre en clave: Trovi.

> **Piero Vergari.** Jefe de Protocolo de la Segnatura del Estado del Vaticano. Controla los cambios en el Derecho Canónico. Iniciado el 14 de diciembre de 1970. Nombre en clave: Pive.

> **Dante Pasquinelli.** Miembro del Consejo del Nuncio en Madrid. Iniciado el 12 de enero de 1969. Nombre en clave: Pada.

> **Mario Pimpo.** Vicario de la Oficina de Asuntos Generales. Iniciado el 15 de marzo de 1970. Nombre en clave: Pima.

> **Igino Rogger.** Oficial de la diócesis de Roma. Iniciado el 16 de abril de 1968. Nombre en clave: Igno.

> **Pietro Rossano.** Miembro de la Sagrada Congregación de Estudios No Cristianos. Iniciado el 12 de febrero de 1968. Nombre en clave: Piro.

> **Francesco Santangelo.** Sustituto general del Consejo Jurídico de Defensa. Iniciado el 12 de noviembre de 1970. Nombre en clave: Frasa.

> **Gaetano Scanagatta.** Miembro de la Comisión de Pompeya y Loreto. Iniciado el 23 de septiembre de 1971. Nombre en clave: Gasca.

> **Pio Laghi.** Delegado Apostólico en Argentina. Iniciado el 24 de agosto de 1969. Nombre en clave: Lapi.

> **Pietro Santini.** Viceoficial del Tribunal del Vicariato del Vaticano. Iniciado el 23 de agosto de 1964. Nombre en clave: Sapa.

> **Domenico Semproni.** Miembro del Tribunal del Vicariato del Vaticano. Iniciado el 16 de abril de 1960. Nombre en clave: Dose.

> **Angelo Lanzoni.** Jefe de la Oficina de la Secretaría de Estado. Iniciado el 24 de septiembre de 1956. Nombre en clave: Lana.

> **Giovanni Lajola.** Miembro del Consejo de Asuntos Públicos de la Iglesia. Iniciado el 27 de julio de 1970. Nombre en clave: Lagi.

> **Venerio Mazzi.** Miembro del Consejo de Asuntos Públicos de la Iglesia. Iniciado el 13 de octubre de 1966. Nombre en clave: Mave.

> **Antonio Gregagnin.** Es el tribuno de primeras causas para la beatificación y canonización. Iniciado el 19 de octubre de 1967. Nombre en clave: Grea.

> **Giovanni Caprile.** Director de Asuntos Civiles Católicos. Iniciado el 5 de septiembre de 1957. Nombre en clave: Gica.

> **Roberto Tucci.** Director general de Radio Vaticano. Un cargo de gran importancia, ya que esta emisora emite noticias las veinticuatro horas del día en treinta y dos

idiomas. Iniciado el 27 de junio de 1957. Nombre en clave: Turo.

> **Virgilio Levi**. Subdirector del diario vaticano *L'Osservatore Romano* y de la emisora Radio Vaticano. Iniciado el 4 de julio de 1958. Nombre en clave: Vile.

Hay 526 logias masónicas en Italia. Teniendo esto en cuenta, es cuestionable que solo admitan a 20 000 miembros.

El Registro Francés de Sociedades Secretas está más protegido que el italiano, por lo que no se pueden citar detalles de iniciaciones recientes. La lista más completa de clérigos pertenecientes a sociedades secretas francesas abarca unas décadas anteriores a la Revolución Francesa y contaba, incluso en un momento en que la infiltración de la Iglesia por parte de sus enemigos era menor de lo que pronto alcanzaría, con unos 256 miembros.

Sexta parte

Cuando el dinero habla, la verdad calla.

Proverbio ruso.

El aventurero Michele Sindona ya estaba al frente de un vasto imperio financiero cuando su amigo el papa Pablo VI, en 1969, recurrió a sus servicios como asesor financiero del Vaticano. La influencia del siciliano a ambos lados del Atlántico era suficiente para garantizarle el respeto universal, independientemente de su carácter personal. El embajador estadounidense en Roma se refirió a Sindona como "el hombre del año", y la revista *Time* lo calificó más tarde como "el italiano más grande desde Mussolini".

Su conexión con el Vaticano aumentó su prestigio, y sus operaciones comerciales, llevadas a cabo con la destreza de una araña tejiendo su tela, pronto lo situaron a la altura de los Rothschild y los Rockefeller, más políticos y conocidos por el público. Se infiltró en bancos y agencias de cambio de divisas, burló a socios y rivales, y siempre salió ganando.

Invertía dinero bajo nombres falsos o de otras personas, disponía y desviaba fondos, siempre con un propósito definido, y movía los hilos de las actividades clandestinas de la Agencia Central de Inteligencia, así como de organismos más secretos, lo que provocó repercusiones políticas en los centros europeos. Todo ello lo hacía con un aire de confidencialidad y con métodos que no habrían resistido el examen más superficial, ni siquiera por parte del contable más ineficiente.

Uno de sus primeros contactos bancarios fue con Hambro, al que siguió una lista que llegó a incluir la Privata Italiana, la Banca Unione y el Banco di Messina, un banco siciliano del que más tarde fue propietario. Tenía una participación mayoritaria en el Franklin National Bank de Nueva York, controlaba una red que abarcaba nueve bancos y se convirtió en vicepresidente de tres de ellos. Los activos reales de esos bancos se transfirieron a paraísos fiscales como Suiza, Luxemburgo y Liberia.

En poco tiempo se hizo con el Franklin National, con sus 104 sucursales y activos por valor de más de cinco mil millones de dólares, a pesar de una ley estadounidense que prohibía la propiedad directa de cualquier banco por parte de grupos con otros intereses financieros. Pero el entonces presidente Nixon y el amigo de Sindona y manipulador de acciones David Kennedy, exsecretario del Tesoro de los Estados Unidos y embajador de ese país ante la OTAN, encontraron una forma de eludir esta ley.

En un momento dado se calculó que solo en sus especulaciones en el extranjero superaba los veinte mil millones de dólares. Aparte de los intereses ya mencionados, dos bancos rusos y el National Westminster estaban muy involucrados en sus transacciones. Era presidente de siete empresas italianas y director general de varias más, con participaciones en Paramount Pictures Corporation, Mediterranean Holidays y el comercio azucarero dominicano. Tenía voz en el consejo de administración de Libby's, el conglomerado alimentario de Chicago. Compró una fundición de acero en Milán.

Era de esperar que, al valorar a un hombre así, su pasado y su carácter contaran menos que el tintineo de su bolsillo. Nuevos amigos, conocidos, figuras públicas y parientes lejanos se agolpaban para ver la sonrisa de Sindona; entre ellos se encontraba un eclesiástico, monseñor Ameleto Tondini. A través de él, el financiero conoció a Messimo Spada, que gestionaba los asuntos del banco del Vaticano o, para darle un nombre más inocuo, el Instituto para las Obras de Religión.

Su principal preocupación era la gestión de las inversiones del Vaticano, que en cierta medida dependían de un organismo conocido como el Patrimonio de la Santa Sede. Este había surgido como entidad financiera en 1929, en virtud de una de las condiciones del Tratado de Letrán firmado con Mussolini.

Desde entonces, había superado las limitaciones impuestas por el Tratado y había adquirido una dimensión verdaderamente internacional bajo un conglomerado de banqueros que incluía a John Pierpont Morgan de Nueva York, los Rothschild de París y el Hambros Bank de Londres. Su supervisor clerical era monseñor Sergio Guerri (que pronto sería cardenal).

Spada, que era presidente de Lancia, pasó a ser presidente de una institución en parte eclesiástica y en parte financiera, conocida como la Fundación Pío XII para el Apostolado de los Laicos, una empresa muy rica que más tarde fue adquirida por el cardenal Villot, que en muchos aspectos era un reflejo de Pablo VI.

2.

Las transacciones con grandes cantidades de dinero siempre tienen un lado siniestro, y uno de los socios de Sindona, Giorgio Ambrosoli, se ponía cada vez más nervioso a medida que los fraudes aumentaban al mismo ritmo que los beneficios y los efectos que estos producían en varias estructuras sociales, económicas y políticas europeas. Expresó sus dudas a Sindona, quien las descartó. Pero no hizo lo mismo con Ambrosoli. En cambio, lo convirtió en objeto de rumores y lo rodeó de una red de sospechas. Y se añadió un crimen más sin resolver al registro de la policía italiana cuando Ambrosoli fue asesinado a tiros frente a su casa por "asesinos desconocidos".

Incluso antes de que Sindona se preocupara por su política de inversiones, el Vaticano, a pesar de su condena del poder del dinero en el pasado, estaba muy involucrado en el sistema capitalista. Tenía intereses en el Banco Rothschild de Francia y en el Chase Manhattan Bank, con sus cincuenta y siete sucursales en cuarenta y cuatro países; en el Credit Suisse de Zúrich y también en Londres; en el Morgan Bank y en el Banker Trust. Tenía importantes participaciones en General Motors, General Electric, Shell Oil, Gulf Oil y Bethlehem Steel.

Representantes del Vaticano figuraban en el consejo de administración de Finsider, que, con un capital de 195 millones de liras repartidas en veinticuatro empresas, producía el noventa por ciento del acero italiano, además de controlar dos líneas navieras y la empresa Alfa Romeo. La mayoría de los hoteles de lujo italianos, incluido el Hilton de Roma, también figuraban entre los activos de la cartera de acciones del Vaticano.

La influencia de Sindona en el Vaticano, derivada de su anterior amistad con Pablo VI y de sus recientes reuniones con Spada, pronto se dejó sentir de forma muy similar a como lo había hecho en el mundo exterior. Asumió el control total de la Banca Privata. Compró la editorial Feltrinelli, y el Vaticano participaba en sus ingresos a pesar de que algunas de sus producciones incluían llamamientos a la violencia callejera y propaganda de sociedades secretas. El mismo sector prestó apoyo a los sindicatos de izquierda y a la labor poco saludable, a menudo al margen de la ley, llevada a cabo por la Agencia Central de Inteligencia. La misma falta de discernimiento se puso de manifiesto en el hecho de que una de las empresas que contribuyó a engrosar los fondos vaticanos de Sindona se había dedicado, al menos durante un tiempo, a la fabricación de píldoras anticonceptivas.[14]

Otros compromisos más directos del Vaticano fueron con la Ceramica Pozzi, que suministraba grifos, equipos sanitarios y bidés, y con un grupo químico, también con Hambros en segundo plano, que fabricaba fibras sintéticas para textiles. Los representantes del Vaticano aparecían en los consejos de administración de bancos italianos y suizos, y su influencia se dejaba sentir cada vez más en la gestión de sociedades holding en muchas partes del mundo occidental.

Otra operación "de tapaduras" fue cuando el cardenal Casaroli concluyó un acuerdo con las autoridades comunistas, por el que una de las empresas del Vaticano construyó una fábrica en Budapest.

Casi al alcance del oído de los trabajadores se encontraba otro cardenal, Mindszenty, arzobispo de Hungría, que, abandonado por Roma debido a su postura anticomunista, se había refugiado en la embajada estadounidense tras el fallido levantamiento de 1956.

Si se hubiera podido llevar a cabo una investigación genuina en aquel momento, se habrían encontrado los nombres de funcionarios del Vaticano en algunas de las complicadas empresas del presidente Nixon. Todo esto sale a la luz cuando,

---

[14] Sin embargo, el papa Pablo criticó el sistema capitalista en su encíclica social Populorum Progressio sobre el desarrollo de los pueblos.

tras abrirse camino entre una maraña de maniobras a menudo contradictorias, se descubre que el Vaticano es propietario de General Immobiliare, una de las mayores empresas constructoras del mundo, dedicada a la especulación inmobiliaria, la construcción de autopistas y las oficinas de Pan Am, por citar solo algunas de sus operaciones e es, y que también controlaba una parte importante del complejo Watergate en Washington.

Esto le permitió construir y ser propietaria de la serie de edificios de lujo a orillas del río Potomac, que se convirtieron en la sede de la campaña electoral demócrata en 1972.

La gestión de la Generale Immobiliare estaba en manos del conde Enrico Galeazzi, director de una empresa de inversión y crédito (con un capital estimado en veinticinco mil millones de liras), que podía entrar y salir libremente del Vaticano, por lo que se le conocía como el "papa laico".

La Santa Sede se convirtió en un socio importante del imperio comercial e industrial de Sindona en la primavera de 1969, cuando, en respuesta a las llamadas de Pablo VI, el financiero realizó varias visitas al Vaticano, donde ambos se reunieron, en el estudio del Papa, en la tercera planta, a medianoche. (Sin embargo, por lo que respecta al clero menor y al personal del Vaticano, y según la agenda del Papa, que fue debidamente "manipulada" antes de ser registrada, no fue Su Santidad quien se reunió con Sindona, sino el cardenal Guerri, que con toda probabilidad estaba durmiendo en ese momento). Además de querer reforzar la política de inversiones del Vaticano, el Papa estaba preocupado por mantener la exención de la Iglesia del control gubernamental, en forma de impuestos, sobre su moneda y sus activos. Esa exención, con los demócratas cristianos al frente de una coalición de cuatro partidos desde el final de la Segunda Guerra Mundial, nunca había sido cuestionada seriamente. Pero ahora se oían nuevas voces. El Vaticano fue señalado como el mayor evasor fiscal de la Italia de la posguerra, y cada vez eran más las voces que pedían que se liquidaran sus atrasos.

Otro miembro de este círculo empresarial santificado era Paul Marcinkus, miembro de una familia lituana que había emigrado a Chicago. Gozaba de la confianza de monseñor Pasquali Macchi, secretario personal del Papa, y hasta entonces no había destacado en ningún ámbito pastoral. Su experiencia más práctica en el ámbito de la actividad eclesiástica la había adquirido cuando, gracias a su altura (medía 1,93 m descalzo) y a sus largos y poderosos brazos (que le valieron el apodo de "gorila"), supervisaba la seguridad de Pablo VI durante sus viajes. Pablo lo nombró obispo.

Como controlador del Banco del Vaticano, cargo que le fue encomendado por Pablo VI, era responsable de más de 10 000 cuentas pertenecientes a órdenes religiosas y a particulares, incluido el Papa. El número de la cuenta de este último, por cierto, era el 16.16. Gestionaba los fondos secretos del Vaticano y sus reservas de oro en Fort Knox, y transfirió una parte sustancial de los fondos, con la esperanza de obtener un rápido beneficio, a las empresas de Sindona.

También fue presidente del Instituto de Formación Religiosa y director del Continental Illinois Bank de Nassau. Su ascenso no fue inesperado ni se produjo sin que se ejerciera influencia alguna, ya que el 2 de julio de 1963, Marcinkus siguió el ejemplo de muchos clérigos que, desafiando el canon 2335, se habían unido a una sociedad secreta. Su nombre en clave era Marpa.

Aprovechando que la vestimenta clerical ya no era imprescindible, Marcinkus se abrió camino a empujones hasta llegar a los márgenes y, posteriormente, al colorido y ruidoso corazón de la sociedad romana. Era el acaudalado director de uno de los bancos más influyentes, privilegiados y respetados de la ciudad. Frequentaba bares, se unió a clubes exclusivos que hasta entonces le habían resultado envidiables y lejanos, y demostraba su fuerza animal en los campos de golf, enviando numerosas pelotas al olvido. Con el tiempo, su descarada actitud de playboy molestó a la comunidad romana más establecida, que le dio la espalda. Parecía que no tenía mucho más que ofrecer que su fuerza bruta. Pero siempre había muchos estadounidenses, que estaban allí por negocios, para ocupar su lugar, aunque incluso ellos se sorprendieron cuando se supo que el obispo estaba involucrado en una quiebra fraudulenta.

Mientras tanto, las primeras advertencias, transmitidas a través de indicios de peligro, llegaban a Sindona y al Vaticano desde muchas partes del mundo. La consigna era transferir dinero a Estados Unidos, ya que los acontecimientos en Europa apuntaban a la inestabilidad política y al colapso económico; y el futuro del Franklin Bank, en el que Sindona y el Vaticano estaban muy involucrados, se volvió muy dudoso tras una serie de especulaciones desastrosas. Se hicieron esfuerzos frenéticos para persuadir a bancos más seguros de que compraran directamente, o al menos reflotaran de form , el Franklin. Montini hizo llamamientos para organizar la transferencia de las inversiones del Vaticano a un refugio más seguro.

No es que Sindona hubiera perdido su toque, pero las fuerzas mundiales, ayudadas por enemigos de la mafia que envidiaban su ascenso, estaban resultando demasiado poderosas para mantener empresas tan dispersas como algunas de las que él había presidido. Consciente de que se encontraba en terreno inestable, Sindona intentó ganarse el apoyo de la administración Nixon, ofreciendo un millón de dólares, que quizá solo se habría materializado si se hubiera aceptado el acuerdo, para la campaña electoral del presidente. Pero como Sindona, por razones obvias, insistió en no ser nombrado, y dado que la aceptación de donaciones anónimas para una elección estaba prohibida por ley, su oferta fue rechazada. Fue decepcionante para todos los interesados que se infringiera una de las pocas leyes que ni siquiera el elástico sistema federal podía estirar abiertamente.

Sindona hizo un gesto final al estilo de un gánster de Hollywood. Organizó una lujosa y espectacular fiesta nocturna en el hotel más importante de Roma (que probablemente era propiedad del Vaticano), a la que asistieron el embajador estadounidense, el cardenal Caprio (que había estado a cargo de las inversiones del Vaticano antes de la llegada de Marcinkus) y el complaciente cardenal Guerri.

Marcinkus solo recibió una gran parte de la culpa. Sus operaciones con los fondos del Vaticano, según Mons. Benelli, uno de sus críticos, habían sido intolerables. Pero Marcinkus, que sabía demasiado de lo que ocurría entre bastidores en el

Vaticano, no podía ser abandonado, y se le concedió un puesto diplomático en la Iglesia.

Sindona había sido avisado por uno de sus secuaces, que también trabajaba para los servicios secretos, de que había una orden de arresto contra él. Pero se hizo el tonto y se pasó las fiestas bebiendo, se marchó un tiempo a su lujosa villa de Ginebra y luego tomó un avión a Nueva York.

Allí, a la espera de que se presentaran cargos, fue sometido a una leve vigilancia.

Pero parece que algunos de los encargados de vigilarlo pertenecían a la mafia, y lo siguiente que supo el Papa de su antiguo asesor fue que había resultado herido de bala en una pelea.

Fue bastante fácil, al indagar en su pasado, que estaba más que salpicado de estafas grandes y pequeñas, y ahora que ya no era un poder a tener en cuenta, llevarlo a juicio; y a los cargos que se le imputaban se añadieron un intento de secuestro y sobornos generalizados. Cuando el complaciente cardenal Guerri se enteró de esto, parece que se convenció de repente, tal vez porque su nombre había figurado en las conversaciones que cerraron el trato entre el pontífice y el financiero, de que Sindona era un hombre muy calumniado. Quería ir a Nueva York y testificar en su favor.

Pero el Papa, consciente del carácter complaciente de Guerri y no queriendo que se revelara en el estrado el alcance de su propia cooperación con el acusado, mantuvo a Guerri en Roma.

El juicio terminó en otoño de 1980, con una condena de veinticinco años de prisión para Sindona. Pocos, aparte de aquellos miembros del público que expresaron su indignación al conocer por primera vez las travesuras financieras de Sindona, creen que se cumplirá alguna vez esa condena. Al menos un periódico anticlerical sugirió que el papa Pablo VI había tenido suerte de no haber sido llamado a declarar junto a su banquero.

Al final, el Papa se quedó con dos recuerdos de su asociación. La Iglesia había sufrido una grave pérdida financiera que significaba, como afirmó el Papa c , con un golpe de pecho bastante gratuito, que la Esposa de Cristo se enfrentaba a la quiebra; mientras que había una nueva agencia administrativa para las finanzas que él había fundado gracias a la ayuda de Sindona.

A la cabeza de esta se encontraba el cardenal Vagnozzi, delegado apostólico en Nueva York. Le asistían el cardenal Hoeffner, de Colonia, y el cardenal John Cody, de Chicago.

3.

El último de ese trío pronto iba a aparecer de forma sensacionalista en las noticias. El cardenal John Patrick Cody, de setenta y tres años, hijo de un bombero de San Luis, era arzobispo de la diócesis católica romana más grande de Estados Unidos. Por lo tanto, tenía a su cargo muchos miles de fondos eclesiásticos exentos de impuestos. Y en el otoño de 1981, su congregación se vio abrumada, como solo pueden estarlo los fieles miembros de la Iglesia, por rumores que pronto se convirtieron en hechos, según los cuales la fiscalía federal de Chicago estaba investigando las finanzas de Cody.

Un gran jurado federal también había solicitado los registros de una empresa de inversiones de San Luis, donde una tal señora Helen Dolan Wilson tenía una cuenta, para examinarlos.

La investigación, muy inusual en el caso de un cardenal contemporáneo, se centró en lo que se denominó el desvío, la disposición o el uso indebido de fondos de la Iglesia por un importe superior a 500 000 libras esterlinas. También se supo que la Conferencia Nacional de Obispos Católicos había perdido más de cuatro millones de dólares en un solo año, durante el cual el cardenal había sido tesorero.

La señora Wilson, de la misma edad que el cardenal, era considerada por algunos como pariente política, hermana o sobrina, mientras que Cody solía referirse a ella como su prima.

Su padre, según juicios más precisos, se había casado con la tía del cardenal, mientras que otros estaban seguros de que no existía ningún parentesco real entre ellos. La pareja en cuestión afirmaba que su único vínculo era una relación fraternal que había comenzado en su infancia en San Luis.

"Nos criamos juntos", explicaba la señora Wilson. Por lo tanto, era natural que siguieran siendo amigos íntimos. Viajaban juntos y, durante los últimos veinticinco años, ella había seguido todos sus pasos en la diócesis. Él se había convertido, en el sentido religioso, en su "supervisor", un papel que ella encontró beneficioso cuando su matrimonio, del que había quedado con un hijo, terminó en los tribunales de divorcio.

Al cardenal no le resultó difícil colocarla como gerente en una oficina relacionada con la Iglesia en San Luis. Sus apariciones allí eran muy esporádicas, pero, trabajara o no, seguía cobrando un sueldo de la Iglesia. También ayudó a su hijo a montar un negocio en la misma ciudad como agente de seguros, cargo que Wilson abandonó cuando, junto con el cardenal, comenzó a dedicarse al "negocio inmobiliario".

La señora Wilson se jubiló, tras haber ganado unos modestos 4000 libras al año, pero al poco tiempo se supo que tenía un patrimonio de casi un millón de dólares, principalmente en acciones y bonos. También era beneficiaria de una póliza de seguro de cien mil dólares, contratada a nombre del cardenal, sobre la que pidió un préstamo.

Las investigaciones realizadas por el Gran Jurado Federal, y publicadas por el Chicago *Tribune* y *el Sun-Times*, dieron lugar a una avalancha de acusaciones. El cardenal le había entregado a ella la mayor parte del dinero desaparecido. Parte de ese dinero se había destinado a comprarle una casa en Boca Ratón, en Florida. También había un coche de lujo, ropa cara y pieles, y regalos en efectivo para las vacaciones.

El cardenal, aunque entristecido y sintiéndose rechazado por las acusaciones, se mantuvo firme en que no necesitaba una oportunidad para contradecirlos. Estaba dispuesto a perdonar a todos los responsables. La Sra. Wilson se mostró igualmente firme al afirmar que no había recibido dinero del cardenal. Decir que había algo más que amistad entre ellos era una mentira maliciosa, o incluso una broma. Le molestaba mucho que se la escandalizara y se la describiera como una mujer mantenida o (como decían sus compatriotas) "una vagabunda".

Si no fuera por las numerosas caídas en desgracia que han afectado a la Iglesia moderna, un caso como este apenas habría merecido más que una mención. Pero ahora suscita preguntas. ¿Fue una trampa, parte del deseo secular de desacreditar a la Iglesia? ¿Era el cardenal personalmente corrupto? ¿O era uno de los infiltrados que, sin ninguna convicción religiosa real, han sido secretamente acogidos en la Iglesia con el único propósito de desgastar su tejido moral y tradicional?

A la luz de otros sucesos extraños que han ocurrido, no hay nada extravagante en esa sugerencia; y parece confirmarse en un largo reportaje publicado en *The Chicago Catholic* el 29 de septiembre de 1978. Se celebró un Congreso Litúrgico Arquidiocesano con el fin, según dijo uno de los modernistas enloquecidos por la jerga, de mantener a la Iglesia "viva, en movimiento, cambiando, creciendo, renovándose, después de algunos siglos de parálisis parcial".

Como parte de ese proceso, grupos de baile retozaban bajo luces multicolores intermitentes, sonaban trompetas, la gente se estiraba y se peleaba por globos llenos de gas y se ponía chapas con el mensaje "Jesús nos ama"; mientras un sacerdote, considerado un experto en la nueva liturgia, con el rostro blanqueado como el de un payaso, desfilaba con un sombrero de copa y una barriga exageradamente abultada que sobresalía de la capa que llevaba puesta.

El telón de fondo estaba compuesto por vestimentas, pancartas y un mural heterogéneo, todo ello al estilo aprobado del "arte moderno", que no revelaba más que salpicaduras de pintura aplicadas de forma casual. La misa que marcó el final de este congreso verdaderamente ridículo (que, como veremos, no fue más que un pálido reflejo de lo que ocurrió en otros lugares y que nunca se habría soñado antes de los días del "buen papa Juan") fue presidida por el cardenal Cody.

En otra ocasión, *el Chicago Tribune*, en un reportaje en el que describía lo que se decía que era un "altar gay", se refería a una concelebración (es decir, la celebración de la Eucaristía por dos o más sacerdotes) en una iglesia de esa ciudad: Ciento veintidós sacerdotes asistieron a lo que se hizo pasar por una misa, y todos ellos eran pervertidos morales confesos.

Ninguna de estas profanaciones provocó una palabra de protesta por parte del cardenal John Patrick Cody.

Murió de un ataque al corazón en abril de 1982, mientras se preparaba este libro.

Parte VII

Ay de aquel que no sabe llevar su máscara, sea rey o papa.

Pirandello.

El toma y daca de las relaciones humanas plantea un problema más difícil que los que normalmente se atribuyen a la ciencia. Estos últimos, con toda probabilidad, se resolverán con el tiempo; pero cuando se trata de personas, especialmente de aquellas que ya no están entre los vivos, nos enfrentamos a preguntas que, en este mundo nuestro, es poco probable que encuentren respuesta.

Por ejemplo, cabe preguntarse por qué dos prelados, con pocos meses de diferencia, murieron en circunstancias que no suelen estar relacionadas con ningún clérigo y, más aún en estos casos, con clérigos de alto rango.

Cuando un grupo de parisinos, tras asistir a una fiesta religiosa en el campo, regresaba a la capital a altas horas de la noche del domingo 19 de mayo de 1974, algunos de ellos notaron que el sacerdote que los había acompañado parecía enfermo y cansado.

Se trataba de Jean Danielou, de sesenta y nueve años, cardenal; no era un personaje fácil de definir, sino alguien difícil de situar en la mente de la gente común, que sabía muy poco de él. Había ingresado en el noviciado jesuita en 1929 y había sido ordenado nueve años después. Autor de catorce libros de teología y decano de la Facultad de Teología de la Universidad de París, era también miembro de la Academia Francesa.

Aunque revelaba poco, hacía ciertas declaraciones sobre sí mismo que invitaban a la pregunta, incluso a la controversia. "Soy pagano por naturaleza y cristiano solo con dificultad", era una de ellas, aunque, por supuesto, eso expresa un punto de vista compartido por muchos de su credo, que saben que entre la afirmación y la incredulidad solo hay un paso. Era consciente de los nuevos elementos que se estaban formando y cobrando fuerza dentro de la Iglesia y, aunque juzgaba con libertad —"Se ha extendido una especie de miedo que conduce a una verdadera capitulación intelectual ante los excesos carnales"—, ni los conservadores ni los progresistas más vocales podían considerarlo uno de los suyos. Fue uno de los fundadores, en 1967, de la Fraternidad de Abraham, un grupo interreligioso que agrupa a las tres religiones monoteístas: el islam, el judaísmo y el cristianismo.

"Hoy en día pecamos contra la inteligencia". Ambas partes podrían haber afirmado eso como un dictado. Algunos lo acusaron, cuando parecía contenerse, de ser mojigato. Pero él siempre afirmó no estar comprometido. "Siento en lo más profundo de mi ser que soy un hombre libre". Pero la libertad, cuando no es una consigna política, no puede tolerarse en el mundo más que la verdad (como había comprendido siglos antes la campesina Juana de Arco). Y cuanto más se alejaba Danielou de la sociedad y vivía tranquilamente en su residencia de la Rue Notre-Dame des Champs, sin secretario ni coche, más sospechoso se volvía, o más abiertamente se le despreciaba.

Nada de esto se le escapaba, pero trataba de no darle importancia. Si lo hubiera hecho, admitía que se habría desanimado, que habría sido un fracaso evidente que no había aprovechado la promesa que le ofrecía su ascenso en la Iglesia. Más tarde descubrió, o al menos llegó a creer, que sus oponentes estaban conspirando y tramando contra él. De hecho, había una campaña clara de rumores e insinuaciones en la prensa que le obligaba, aunque era más una cuestión de elección que de la fuerza de una oposición real, a mantener un lugar estable pero relativamente poco impresionante al margen de los acontecimientos.

Así permaneció, una figura problemática que llegó a casa ese domingo a medianoche tras un agotador día en el campo. Pero el lunes no trajo ningún cambio en su rutina. Celebró la misa, como de costumbre, a las ocho en punto, luego trabajó en su oficina y recibió a algunos visitantes. Almorzó en un restaurante y, a continuación, visitó la casa de un profesor de la Sorbona.

Por alguna razón inexplicable, parte de su correo fue a parar a una dirección en la Rue , Monsieur; lo recogió, regresó a su casa a las tres en punto y salió un cuarto de hora más tarde, diciendo que esperaba volver a las cinco.

Pero no lo hizo. A las tres y cuarenta y ocho, la policía recibió un mensaje urgente de una tal señora Santoni, que ocupaba un piso alto en el número cincuenta y seis de la Rue Dulong, un barrio de dudosa reputación al norte del Boulevard des Batignolles. Su mensaje hizo que la policía se apresurara al lugar, ya que les informaba de que nada menos que un cardenal había fallecido en su domicilio.

Él, Danielou, había llamado allí poco después de las tres y media. Según le habían dicho, había subido las escaleras de cuatro en cuatro, y al llegar arriba se había desplomado, con la cara morada, y pronto había perdido el conocimiento. Ella le había rasgado la ropa y había pedido ayuda. Pero fue imposible reanimarlo, y los primeros en llegar solo pudieron observar impotentes cómo su corazón dejaba de latir.

En respuesta a un anuncio por radio de la muerte del cardenal, el nuncio apostólico, junto con el provincial de los jesuitas de Francia y el padre Coste, superior de los jesuitas en París, llegaron al apartamento, acompañados de periodistas del *France Soir* y de unas monjas que habían sido llamadas para ocuparse del cadáver, que, sin embargo, ya estaba demasiado rígido para ser preparado para el funeral.

El padre Coste se dirigió a los periodistas. Era esencial que mantuvieran la máxima discreción y, tras decir esto, pasó a afirmar que el cardenal había fallecido en la calle, o posiblemente en la escalera, después de haber caído en la calle.

"No, no fue así", intervino Madame Santoni. El padre Coste se opuso a su interrupción, los demás clérigos se unieron a él, la policía dio su versión, los periodistas hicieron preguntas y, en el momento álgido de la discusión, aunque nadie la vio marcharse, Madame Santoni desapareció y no volvió a aparecer en la investigación.

Ahora bien, la señora en cuestión merecía sobrosamente el título de señora. Era bien conocida por la policía y la prensa, una rubia de veinticuatro años que se ganaba la vida con el nombre de Mimi, a veces como camarera en un bar, a veces como gogó en un cabaret nocturno o como bailarina de striptease en Pigalle. Nunca estaba disponible en su casa, que era una casa de citas regentada por su marido. Sin embargo, en ese momento estaba temporalmente cerrado, ya que él había sido condenado solo tres días antes por proxenetismo.

Las explicaciones que la Iglesia decidió ofrecer fueron vagas y coincidían con el veredicto general de que el cardenal había sufrido una rotura de un vaso sanguíneo o un infarto. El cardenal Marty, arzobispo de París, rechazó la petición de católicos y sectores laicos de que se investigara la muerte del cardenal. Después de todo, explicó, el cardenal no estaba allí para defenderse. Quizá fue un desafortunado comentario posterior lo que llevó al arzobispo a hablar de que el cardenal necesitaba defenderse. El cardenal Garrone pronunció el panegírico en Roma y dijo: "Que Dios nos perdone. Nuestra existencia no puede dejar de incluir un elemento de debilidad y sombra".

Cabe preguntarse hasta dónde habrá llegado el examen de conciencia de Garrone, ya que, aunque se sabía que pertenecía a una sociedad secreta, se mantuvo impávido y conservó su capelo cardenalicio. Un comentario de la ortodoxa revista *La* Croix fue más breve y más acertado:

"Sea cual sea la verdad, los cristianos sabemos bien que cada uno de nosotros es un pecador".

Este tipo de sucesos proporcionaron material a los periódicos anticlericales de izquierda durante toda una semana. Uno de ellos, *Le Canard Enchainé*,[15] , había marcado un gran golpe unos años antes, en una controversia sobre la propiedad de una cadena de burdeles situada a pocos metros de la catedral de Le Mans. El periódico afirmaba que eran propiedad de un alto dignitario de la Iglesia. Sus amigos y colegas lo negaron rotundamente. Pero se demostró que el periódico tenía razón. Ahora, la misma fuente no dudaba en afirmar que el cardenal llevaba una doble vida.

Llevaba tiempo bajo vigilancia, una medida ordenada nada menos que por el primer ministro, M. Chirac. Tanto él como Jacques Foccard, exministro del Interior, sabían perfectamente que el cardenal visitaba regularmente a Mimi.

Esto, a su vez, fue ridiculizado por los partidarios de Danielou, a lo que el periódico respondió que podría haber más revelaciones. "Si publicáramos todos los detalles, bastaría para callar a durante el resto de sus días".

La verdad de esta extraña historia puede estar en una de estas cuatro posibles explicaciones.

Uno de ellos puede tener su origen en los efectos del Concilio Vaticano II. Algunos afirmaban que Danielou consideraba este acontecimiento como un desastre positivo, y sabemos que describió a la escuela teológica más liberal, surgida a raíz del Concilio, como lamentable, miserable, execrable y desdichada. Muchos se resentían por ello, especialmente cuando llegó a llamarlos "asesinos de la fe". Decidió hacer todo lo posible para evitar que la fe se secularizara y degradara, lo que le llevó a pensar que, dado que los ánimos humanos son tan acalorados dentro de la Iglesia como fuera de ella, estaba en peligro. Eso explicaría la vida algo recluida que llevó en París.

Pero dejó claro que estaba decidido a plantar cara y elaboró una lista de los que él consideraba traidores a la Iglesia. Algunos de los que figuraban en ella le lanzaron amenazas de muerte, pero él anunció públicamente que tenía intención de publicar la lista.

---

[15] Se trata de un equivalente francés ligeramente más radical de Private *Eye*.

Cuatro días después, según una teoría sostenida por muchos que ciertamente no son personas insignificantes, fue asesinado por aquellos a quienes habría nombrado. Entonces, inspirados por una especie de humor macabro, aquellos a quienes había llamado "asesinos" sacaron su cuerpo y lo arrojaron en un burdel. Después de eso, el sorprendente descubrimiento pudo organizarse fácilmente.

Esto se escribe con pleno conocimiento de lo escandaloso que debe parecer a quienes consideran a la Iglesia desde un punto de vista puramente parroquial, en feliz ignorancia de su historia medieval, destinada a repetirse, con todas las intrigas y copas envenenadas de aquella época, en pocos años y dentro de los muros del palacio del Vaticano.

¿O podría Danielou haber sido, en una etapa anterior de su vida, uno de esos infiltrados cuya influencia llegó a detestar? ¿Acaso, tras ser iniciado en una de las sociedades secretas opuestas a la Iglesia, experimentó un cambio de opinión que le llevó a ser considerado una amenaza? Hay numerosas pruebas de que esas sociedades no tenían, y siguen sin tener, ningún escrúpulo a la hora de tratar a los infractores.

Esta sugerencia no carece de fundamento. En la Rue Puteaux, en París, hay una antigua iglesia cuya cripta sirve de Gran Templo de la Gran Logia de Francia. Unos tres años antes de la muerte de Danielou, el obispo auxiliar de París, Daniel Pezeril, fue recibido en la logia, tras emitir un comunicado en el que justificaba su actuación. En él decía: "No es la Iglesia la que ha cambiado. Al contrario, la masonería ha evolucionado". Fue a monseñor Pezeril a quien el papa Pablo VI pidió que buscara una forma de salvar las diferencias entre la Iglesia y las sociedades.

El cardenal Danielou era un visitante habitual de la cripta, donde se le veía consultando con uno de los maestros de la logia que había sido honrado con el título de Gran Secretario de la Obediencia. Por lo tanto, cabe preguntarse si la respuesta al misterio se encuentra en aquellos con quienes Danielou había conversado en la cripta.

Pero la historia difundida por los periódicos satíricos era la más estridente e insistente, y la más conocida. Afirmaban que para quienes habían estado en el apartamento de Madame Mimi antes de que llegara la policía era evidente que el cuerpo de Danielou había sido vestido apresuradamente. Y si no era uno de sus clientes, ¿por qué había ido allí con tres mil francos que se encontraron en su cartera?

Los propagadores de tal escándalo concluyeron que el cardenal había muerto en estado de éxtasis, si no de gracia.

Otra versión más actualiza la historia, con un juicio que ya ha pasado (en noviembre de 1981) por la fase inicial en París.

En la víspera de Navidad de 1976, el príncipe Jean de Broglie fue asesinado a tiros por un pistolero cuando salía de la casa de un amigo. Las investigaciones necesarias sacaron a la luz una amplia red de fraude, complicidad y chantaje, en la que estaban implicados el expresidente Giscard d'Estaing y un amigo suyo, el príncipe Michel Poniatowski.

Este último había destituido recientemente a Jacques Foccard como ministro del Interior e , y Foccard estaba utilizando a una mujer, conocida también por Giscard, para obtener dinero del príncipe. Foccard ya ha sido mencionado en relación con el caso Danielou.

Dado que la operación conocida forma parte evidentemente de un vasto encubrimiento, no es posible, ni necesario en este caso, desentrañar los detalles, que dejan a todos los implicados en una situación muy turbia. Pero se afirma que explican la presencia de Danielou en el burdel y los tres mil francos que se le encontraron. Eran uno de los pagos que había estado haciendo durante los últimos tres meses en nombre de alguien, al que se refería como un amigo suyo, que estaba siendo chantajeado.

El final más desarmante de todo este asunto llegó en forma de una o dos líneas en un semanario religioso inglés, el *Catholic Herald*, que anunciaba brevemente que el cardenal Danielou había fallecido en París.

2.

Aunque la memoria del público es breve, es posible que algunos parisinos que vieron a un obispo del suroeste de su país bajar de un tren en la tarde del 12 de enero de 1975 tuvieran aún algunos recuerdos de la misteriosa muerte del cardenal Danielou.

Se trataba de monseñor Roger Tort, de cincuenta y siete años, obispo de Montauban, a orillas del río Tam, al norte de Toulouse. Tenía previsto asistir a una reunión de la Comisión Episcopal Francesa y se dirigió directamente a una habitación que había reservado en la sede de la Sociedad de Ayuda Católica, en la Rue de Bac. No hay constancia de sus movimientos durante los dos días siguientes, pero el jueves 15 almorzó en la sede de la Comisión, en la Rue du Regard, en la margen izquierda del Sena. Es posible que desde allí fuera a encontrarse con un amigo que había conocido durante la guerra, pero no sabemos nada con certeza hasta que se dio la voz de alarma y se llamó a la policía en la noche del 16.

La agitación se centró en la Rue du Ponceau, también en la margen izquierda, una calle estrecha que sale de la Rue Saint-Denis, un barrio conocido por sus burdeles, prostitutas y sex shops, donde brillaban tentadoramente las luces rojas. La mujer que dio la voz de alarma regentaba uno de los burdeles. Se había encontrado en la calle, frente a su puerta, a un hombre que estaba claramente enfermo y pidió ayuda a otras dos mujeres de su misma profesión para arrastrarlo al interior. Para entonces ya estaba muerto.

¿Quién era? Ella no lo sabía ni le importaba. Nunca lo había visto antes. Había hecho lo que había podido por "razones puramente humanitarias". Las luces rojas parpadeaban mientras llegaba más gente y se sucedían las versiones contradictorias. El desconocido había muerto de un ataque al corazón, entre las siete y las once, en la calle, en el pasillo o en una de las habitaciones. Un reportero del , ávido de noticias, dijo que el obispo, una vez confirmada su identidad, había recorrido un largo camino desde su alojamiento y desde el lugar de reunión de la Comisión. El reportero continuó diciendo, respaldado por un juicio precipitado de la policía, que, al igual que en el caso de Danielou, el cuerpo parecía haber sido vestido apresuradamente.

Más tarde, un apologista clerical aconsejó a todos los interesados que dejaran de lado tales pensamientos por considerarlos totalmente indignos. Señaló que, cuando encontraron a monseñor Tort, todavía llevaba puesto el anillo episcopal y la cruz pectoral, y que su rosario seguía en su bolsillo. Sin duda, la presencia de esos objetos bastaba para demostrar que "ninguna intención inadmisible" lo había llevado a ese distrito. Los hechos, en la medida en que se conocían, no admitían ninguna interpretación vergonzosa. La Iglesia absolvió al difunto de toda culpa moral y, en pocas semanas, se instaló un nuevo obispo en la pequeña catedral de Montauban.

Una lectura elemental de estos dos episodios podría tomarse como prueba de que los clérigos (especialmente los católicos y, más aún, los de alto rango) pueden ser hipócritas y corruptos. Por supuesto, nadie salvo los que se niegan a ver la realidad lo discutirá; y el hecho de que puedan ser miembros de sociedades secretas, en última instancia, y por lo tanto carecer de convicciones religiosas genuinas, es el tema de estas páginas. Pero no hay pruebas que relacionen las muertes.

En el caso del cardenal, hay indicios, aunque tentativos, de que fue persuadido para desempeñar un papel secundario en un importante escándalo político, o de que había tomado una postura definida en una disputa religiosa, y las disputas religiosas, al igual que las guerras civiles, no admiten cuartel. Sin embargo, no hay rastro alguno de que monseñor Tort estuviera involucrado en nada sorprendente. Solo puede ser objeto de suposiciones: que fue víctima de su debilidad personal, de un accidente o del deseo de alguien de desacreditar la religión.

Pero, tal y como están las cosas, la similitud entre las dos muertes es sorprendente.

Octava parte

> *El ambiente cristiano, la tradición y la moral cristianas... están disminuyendo y, de hecho, están siendo sustituidas en gran medida por un modo de vida y un pensamiento opuestos al cristiano.*
>
> Papa Pío XII.

Esta sección trata de algunos de los cambios más dramáticos de toda la historia, cambios cuyo significado último, en el sentido popular, ha pasado en gran medida desapercibido y, por ello, han sido aceptados sin comentarios por el mundo en general. Pero son cambios que han marcado el tono de nuestro presente, están configurando nuestro futuro y, con el tiempo, estarán tan arraigados que parecerá absurdo o excéntrico cuestionarlos. A riesgo de resultar tedioso, y con el fin de enfatizar un punto vital, es necesario repetir que, hace menos de una generación, la Roma religiosa era considerada el único centro fijo de la fe que no cambiaría jamás. Era inmune a la novedad. Despreciaba la moda y se erigía por encima de lo que se denomina el espíritu de la época.

Segura de sí misma, no admitía especulaciones, ni conjeturas que con demasiada frecuencia se hacen pasar por descubrimientos. Mantenía una actitud y enseñaba, siglo tras siglo, un mensaje que era siempre el mismo. Tanto era lo que afirmaba, lo que respaldaban sus seguidores y lo que reconocían sus enemigos.

Pero, al igual que en nuestra época hemos sido testigos de la expansión del comunismo, a principios de siglo otro movimiento, el e o, amenazó lo que podría llamarse el orden más estático del pensamiento. Se trataba, en términos muy generales, de una mezcla de las preocupaciones liberales y científicas del siglo XIX, y su objetivo era someter a la Biblia al mismo tipo de crítica a la que se habían sometido los mundos político y científico. La evolución, en oposición a la verdad establecida y aceptada, estaba en el aire; se cuestionaba el dogma y muchos veían en ello, aunque algunos de sus propagadores quizá no pretendieran llegar tan lejos, una negación de la religión sobrenatural.

El papa reinante en aquella época, Pío X, denunció el modernismo, como se denominaba al nuevo movimiento, como nada menos que librepensamiento, una herejía de lo más peligrosa. Una encíclica, publicada en 1907, y una condición que estableció unos años más tarde, según la cual el clero debía prestar un juramento antimodernista, pusieron de manifiesto su firme oposición. Y una situación similar se creó más tarde cuando Pío XII, enfrentado al comunismo, lo condenó una y otra vez y, en 1949, promulgó la sentencia de excomunión contra cualquier católico que lo tolerara o apoyara de cualquier manera.

Pero pronto apareció una diferencia muy considerable entre la acogida que recibió la oposición expresada por los dos papas. Pío X había sido acusado, principalmente, de arrogancia e intolerancia. Pero Pío XII, haciéndose eco de los sentimientos de Pío IX, León XIII y Pío XI, no solo fue ridiculizado por los periodistas de vanguardia, uno de los cuales lo llamó "aristócrata de pueblo", sino que fue realmente combatido y contradicho por el hombre que en 1963 ascendió al trono papal como Pablo VI.

Su simpatía por la política de izquierdas nunca había estado en duda. Había cooperado con los comunistas. Su encíclica Populorum Progressio, publicada en 1967 sobre el desarrollo del mundo, fue criticada negativamente por el Wall Street Journal como "marxismo recalentado".[16] Pero el hecho de que se situara abiertamente de su lado y de que revocara anteriores juicios

---

[16] Robert Kaiser, que aprobó las innovaciones del Concilio Vaticano II.

papales marcó un nuevo punto de partida en un pontificado e , cuyas palabras llegaron a la mayor parte del mundo cristiano.

Estaba en plena sintonía con la era moderna y era sensible a las corrientes de la época. Estaba dispuesto a abrir puertas que todos sus predecesores, incluso aquellos de carácter dudoso, habían mantenido cerradas. Esto quedó claro en 1969, cuando dijo: "Estamos a punto de ser testigos de una mayor libertad en la vida de la Iglesia y, por lo tanto, en la de sus hijos. Esta libertad significará menos obligaciones y menos prohibiciones internas. Se reducirán las disciplinas formales... se abolirá toda forma de intolerancia y absolutismo".

Estas declaraciones fueron acogidas con satisfacción por algunos, mientras que otros entre sus oyentes se llenaron de aprensión; y cuando se refirió a algunos puntos de vista religiosos normalmente aceptados como e es, retorcidos y solo defendidos por personas polarizadas o extremistas, las esperanzas o los temores de ambos modos de pensamiento parecían justificados. ¿Estaba allanando el camino para lo que sería prácticamente una nueva religión, liberada de las nociones y prácticas establecidas, y que abrazaba todas las ventajas del mundo moderno, o estaba empeñado en reducir tanto la religión establecida que, en lugar de destacar como decisiva y única, pareciera solo una fe entre muchas?

Así que ambas partes esperaron. Una a favor de una prometida relajación, la otra temerosa de que muchos de sus apoyos tradicionales estuvieran a punto de desmantelarse.

2.

Una vez más, considero necesario repetir que lo que sigue no es ni un ataque ni una defensa. Se trata de un simple resumen de los acontecimientos que tuvieron lugar y de las declaraciones que se hicieron; y si parecen partidistas, no es culpa del presente escritor, sino del papa Pablo, que les dio a todas el mismo carácter.

Desafió y condenó el frente unido que presentaba Pío X frente al modernismo. Se consideró que la imposición por parte de este último de un juramento antimodernista había sido un error, por lo que Pablo lo abolió. El Índice de libros prohibidos y las prerrogativas del Santo Oficio, con su derecho histórico a imponer interdictos y excomuniones, pasaron a ser cosa del pasado. Las leyes canónicas de la Iglesia, hasta entonces consideradas pilares, guardianas y promulgadoras de decisiones y juicios, quedaron abiertas a la crítica y, en caso necesario, a la revisión. Los libros de historia y los manuales, escritos desde un punto de vista predominantemente católico, fueron censurados o reeditados.

Los contactos de la Iglesia con el mundo y con otras religiones debían ser más abiertos y dejar de realizarse desde una posición de autoridad, conocimiento y experiencia superiores. Se declaró que no existía una verdad absoluta. El debate o el diálogo sustituirían a la declaración. Y de estos cambios surgiría una nueva sociedad de cultura humanista, con un trasfondo católico ostensible proporcionado por teólogos avanzados que, bajo Pío XII, habían sido mantenidos al margen de la Iglesia.

Entre ellos se encontraba Hans Kung, cuyas opiniones se consideraban más antiortodoxas que las defendidas por Lutero. Afirmaba haber sido defendido especialmente por Pablo VI. El jesuita alemán Karl Rahner, cuyo pensamiento había sido anteriormente mal visto por ser demasiado extremo, recibió ahora de Pablo el mandato de " , adelante". El dominico Schillebeeckx sembró la consternación entre el ya desanimado clero holandés con afirmaciones como que el cristianismo, tarde o temprano, tendría que rendirse al ateísmo, ya que el hombre más honesto y natural era aquel que no creía en nada.

Maestros como estos, lejos de ser reprendidos, conservaron sus puestos seguros y recibieron una publicidad que no solía concederse a los eclesiásticos en la prensa. Incluso un periódico irlandés se refirió a Hans Kung y a Schillebeeckx como "los teólogos más destacados del mundo", y la creencia de que contaban con un apoyo poderoso se vio reforzada cuando se supo, en algunos círculos eclesiásticos, que prelados como Suenens y Alfrink habían amenazado con formar un "sindicato de cardenales" si Hans Kung y sus escritos eran condenados.

La prohibición total del comunismo y de sus partidarios, impuesta por Pío XII, se daba por sentada, aunque nunca se había aplicado realmente. Pero, aun así, se exigía su eliminación.

En lugar de la resistencia helada al comunismo, que había sido una característica aceptada de la Iglesia histórica, se produjo un deshielo, y pronto dejó de ser notable que un sacerdote hablara y actuara a favor del marxismo. Algunos acompañaron su cambio de opinión con una profesión de desprecio por el pasado, como hizo Robert Adolphs, prior de la influyente casa agustina de Eindhoven, en Holanda.

En su libro *The Church is Different* (Burns and Oates), afirmó que la filosofía de Santo Tomás de Aquino representaba "un tipo de pensamiento occidental bastante desecado". Denunció el antimodernismo de Pío X como un "movimiento fascista dentro de la Iglesia" y ridiculizó las

advertencias de Pío XII, que había imaginado que "tenía que luchar contra una especie de conspiración modernista clandestina que se servía de una amplia organización secreta para socavar los cimientos de la Iglesia católica".

El profesor flamenco Albert Dondeyne fue más directo en *Geloof en Wereld (Creencia y mundo)*, donde criticó la mentalidad de la

Iglesia por haber estado siempre mente convencida de la perfidia total del comunismo. Se refirió a la costumbre de la Iglesia de presentar las cosas como si el cristianismo se opusiera de manera simple y sin matices al orden comunista de la sociedad como algo extremadamente peligroso.

"La sociedad cristiana", continuó, "convierte a Dios en siervo de una especie de interés partidista cristiano.

Puede", continuó, "identificar al comunismo con el diablo, pero ¿y si este diablo en particular ha sido conjurado por los errores y defectos del propio cristianismo?". Admitió que no se podía negar el aspecto inhumano del marxismo. "Pero esto no excluye en absoluto que haya valores positivos importantes en el comunismo a los que el cristianismo del siglo XIX debería haber estado abierto y a los que el cristianismo debe seguir estando receptivo hoy en día".

Una petición similar surgió de un lugar muy inesperado, el periódico semioficial del Vaticano *L'Osservatore Romano*, que recomendaba enseñar a los católicos a colaborar con los marxistas por el bien común. Se insistía en que el comunismo había cambiado drásticamente desde la época de Lenin y Stalin, y que ahora no había ninguna razón por la que la Iglesia, aunque solo fuera por su aspecto humanitario, no debiera considerarlo un aliado. Las viejas diferencias entre ambos estaban desapareciendo, y la Iglesia debía reconocer ahora, como estaban a punto de hacer más de un gobierno de Europa occidental, que el comunismo tenía un papel vital que desempeñar en la configuración del futuro.

Los tradicionalistas veían estos avances con bastante alarma. En su opinión, se estaba abriendo una puerta por la que los elementos marxistas podían entrar en su bastión; y esos temores aumentaron cuando los funcionarios comunistas y vaticanos dieron señales de entrar en una asociación que hasta entonces era impensable.

Los prelados cuyos nombres podrían ser conocidos por el público, los siempre serviciales Suenens, Willebrands, Bea y Konig de Viena, mostraron su disposición a caminar de la mano con agentes recién llegados de Moscú, quienes, poco tiempo antes, habían ridiculizado la pretensión de la Iglesia de ejercer la soberanía moral sobre las mentes de los hombres. Ahora ninguna de las dos partes hacía referencia alguna a esa pretensión. En cambio, una lista de detalles e es cotidianos, que aumentaba constantemente con el paso de los años, mostraba cómo los portavoces ateos y ortodoxos estaban pasando del diálogo a una serie de intercambios amistosos.

El arzobispo Casaroli, actuando como intermediario entre el Vaticano y los Estados satélites, voló en un avión rojo a la capital soviética. Él y los miembros del Comité Central brindaron juntos en el Kremlin. Cenó con oficiales del KGB en Bulgaria y más tarde en Checoslovaquia.

La prensa secular difundió estas noticias como prueba de que la Iglesia había bajado por fin de su pedestal y aceptaba la democracia; y el nerviosismo que sentían los tradicionalistas se convirtió en auténtico temor cuando Pablo VI, entre los años *1967* y *1978*, con sus propias palabras y acciones, dio muestras de ese cambio tan definido en *la política* vaticana.

Resumamos los acontecimientos alusivos de aquella época. Las revueltas armadas locales en África aumentaban por todas partes, y el Papa apoyaba esos movimientos incluso cuando, con frecuencia, conducían a la masacre de mujeres y niños. En un sorprendente giro, afirmó que los cristianos de aquellas zonas eran los terroristas, y que los blancos a los que estos habían desplazado siempre habían ejercido una influencia negativa. Cuando los rojos finalmente tomaron el control de las provincias de Mozambique y Angola, los aclamó como representantes legítimos del pueblo y expresó su deseo personal de reunirse con algunos de los líderes guerrilleros.

Tres de ellos, Amílcar Cabral, Agostinho Neto y Marcelino dos Santos, acudieron al Vaticano, donde se besaron las manos mientras el Papa les entregaba una carta en la que reconocía *de* facto su régimen comunista. Sin embargo, se mostró menos comunicativo cuando una delegación le mostró imágenes, algunas de ellas repugnantes, de los asesinatos cometidos por terroristas de África Occidental.

Los periodistas escépticos intercambiaron miradas cómplices cuando hizo esfuerzos muy evidentes por apartarlas.

Igualmente sorprendente fue el afectuoso respeto que confesó por Obote, de Uganda, que tenía un largo historial de violencia a sus espaldas y que, en el momento de escribir estas líneas, sigue siendo noticia por ser un tirano e e más sanguinario que el derrocado Amin. El Papa instó a los negros de Uganda —debe ser la primera llamada de este tipo que se hace desde ese ámbito— a tomar las armas contra los blancos.

En Argel, muchos de los medio millón de católicos que vivían allí, bajo la protección de monseñor Duval, fueron masacrados cuando la abrumadora población musulmana se volvió contra ellos. Duval abandonó a sus feligreses y se unió a sus enemigos, un acto de traición que fue recompensado por el papa Pablo VI con el título de príncipe de la Iglesia.

Otra situación desconcertante se produjo en España, en un momento en que los tiroteos contra la policía por parte de pistoleros vascos alcanzaban niveles alarmantes. Cinco de los pistoleros fueron capturados y condenados a muerte.

Fue un momento de dolor para el papa Pablo, que calificó las ejecuciones que siguieron como "un acto homicida de represión". Ofreció oraciones especiales, pero solo por los asesinos.

Nunca se mencionó a sus víctimas. Así, alentado por Roma, se produjo un auge del comunismo en México y en los Estados latinoamericanos. Monseñor Ignacio de León, en nombre de los obispos mexicanos, declaró que su Iglesia se había mostrado inútil ante los problemas sociales. La mayoría de las personas imparciales estarán de acuerdo en que probablemente así fue. Pero el marxismo que predicaba abiertamente desde el púlpito no ofrecía un mejor ejemplo.

El cardenal Henríquez celebró un *Te Deum* en su catedral cuando Salvador Allende, que se jactaba de ser ateo, se convirtió en presidente de Chile. Muchos católicos, influidos por la jerarquía, habían utilizado sus votos para ayudarle a llegar al poder. El nombre de Cristo rara vez se oía ahora en aquellos países otrora muy ortodoxos, salvo cuando se utilizaba para invitar a una comparación despectiva con luminarias como Lenin y Mao Tse Tung. El revolucionario Fidel Castro de Cuba era honrado como un hombre inspirado por Dios.

Las causas que despiertan sospechas a veces se ocultan con términos eufemísticos, y los observadores alarmados por las inclinaciones políticas del papa Pablo VI podían estar seguros de que seguía una política expansionista: "Pero, fuera cual fuera su naturaleza, sus simpatías se extendían sin duda a un amplio ámbito. Confesó sentir estrechos lazos espirituales con la China comunista. Envió a su agente diplomático acreditado " " al gobierno comunista de Hanoi. Expresó su apoyo a los regímenes ateos de Yugoslavia y Cuba. Entabló conversaciones con el gobierno húngaro controlado por Rusia.

Sin embargo, sus relaciones con un país tradicionalmente ortodoxo como Portugal eran menos cordiales.

Su presencia allí en mayo de *1967* suscitó comentarios, tanto por los arreglos casi casuales que hizo para reunirse con el presidente católico Salazar, como por la forma en que (según comentó uno de sus colaboradores más cercanos) prácticamente murmuró al celebrar la misa que marcó el punto álgido de su visita.

Se daba por sentado que acogería con agrado un encuentro con Lucía dos Santos, la última superviviente de los tres niños que, en *1917*, presenciaron las apariciones y los extraños fenómenos que las acompañaron en la pequeña localidad de Fátima. Pero el Papa la apartó con un irritado:

"Ahora no, más tarde". Como idea de último momento, la remitió a un obispo.

Claudia Cardinale y Gina Lollobrigida recibieron un trato diferente cuando el Papa las recibió en el Vaticano. Ciertamente no vestían de acuerdo con lo establecido para una audiencia papal, y la multitud que se había reunido para contemplar a las estrellas expresó su admiración por la amplitud de miras del Santo Padre.

Este parece el lugar adecuado para presentar un informe que me llegó a través de M. Maurice Guignard, antiguo alumno de la Compañía de Jesús en el colegio de San Francisco de Sales, en

Evreux, Normandía. El informe, fechado el 7 de agosto de 1972, procedía de un organismo de defensa de la fe, con sede en Waterloo Place, Hannover. Fue redactado "en obediencia" a las órdenes del padre Arrupe, superior general de la Compañía, y era obra del padre Sáenz Arriaga, doctor en Filosofía y Derecho Canónico.

Además de esos influyentes jesuitas, fue corroborado y refrendado por los siguientes miembros de la Compañía:

> El cardenal Danielou, cuya misteriosa muerte, acaecida en 1974, se narra en la séptima parte de este libro.

> El padre Grignottes, secretario privado y confesor del padre Arrupe.

> El padre de Bechillon, antiguo rector de Evreux.

> El padre de Lestapis, anteriormente de Evreux y durante algún tiempo responsable de las emisiones de Radio Vaticano.

> Padre Bosc, antiguo profesor en Evreux y profesor de Sociología en la Universidad de México.

> El padre Galloy, miembro del claustro del Colegio de Lyon.

Al referirse al pasado de Pablo VI, se afirma que entre 1936 y 1950 fue una figura destacada en una vasta red de espionaje que abarcaba algunos de los países, de ambos bandos, involucrados en la Segunda Guerra Mundial.

Continúa diciendo que era uno de los principales accionistas, junto con un arzobispo maronita,[17] , de una cadena de burdeles en Roma. Consiguió el dinero para varias películas, como la erótica *Temptations of Marianne,* que financió con la condición de que el papel principal fuera para una actriz llamada Patricia Novarini. Cuando no trabajaba en el estudio de cine, esta joven

---

[17] Los maronitas son un grupo de católicos orientales, llamados así por su fundador, Maro, y establecidos principalmente en el Líbano.

actuaba como stripper en el Crazy Horse Saloon, un exclusivo club nocturno de Roma.

Sin embargo, la tolerancia concedida a las estrellas de cine no se extendió a quienes se negaron, incluso a costa de grandes sacrificios, a comprometerse con los rusos. Uno de ellos fue el cardenal Slipyi, que, como patriarca de la Iglesia ucraniana, había sido testigo de la muerte, la deportación o la desaparición inexplicable de unos diez millones de sus hermanos católicos. Finalmente fue detenido y pasó varios años en prisión.

Cuando fue liberado, denunció a los "traidores de Roma" que colaboraban con quienes habían sido sus opresores. "Aún conservo en mi cuerpo las marcas del terror", exclamó a quienes, como el papa Pablo, se vieron repentinamente afectados por la sordera. De hecho, el papa se negó a reconocerlo como patriarca y, a partir de entonces, Slipyi se encontró con un número sorprendente de obstáculos y acosos a cada paso.

3.

Era de esperar que la actitud del Vaticano se reflejara, tarde o temprano, en un cambio similar de opinión entre el pueblo de Roma; y las elecciones celebradas allí en 1978 dieron un resultado que antes se habría considerado una catástrofe, pero que ahora se consideraba algo habitual. El nuevo presidente era Sandro Pertini, miembro del Partido Comunista durante toda su vida, que pronto introdujo medidas que afectaron a todos los ámbitos de la hasta entonces tranquila vida familiar italiana.

Muchos católicos, influidos por la relación amistosa que había existido entre los líderes rojos y el buen papa Juan, dieron su voto a Pertini.

Los tradicionalistas recordaron las instrucciones dadas por el marqués de Franquerie en *L'infaillibilité pontificale* a quienes planeaban infiltrarse en la Iglesia: "Popularicemos el vicio entre las masas. Satisfagamos todo lo que sus cinco sentidos deseen... Creen corazones llenos de vicio y ya no tendrán católicos". Y ahora, tal y como había previsto acertadamente el marqués, se produjo una ruptura generalizada en todos los estratos sociales y en todos los ámbitos de la vida: desde las escuelas primarias hasta las fábricas, en las calles y en los hogares.

Aumentaron los asesinatos, así como los secuestros de personas adineradas para pedir rescate. El crimen y el caos florecieron mientras una avalancha de propaganda contra la policía debilitaba la ley. El axioma predominante, y no solo entre los jóvenes, era que "todo vale". La pornografía floreció. Se pintó el emblema de la hoz y el martillo en las puertas de las iglesias y aparecieron garabatos ridiculizando a los sacerdotes, a la Iglesia y a la religión en general en las paredes y vallas publicitarias.

La reacción del Papa ante esto no sorprendió a quienes ya estaban consternados por sus opiniones procomunistas. Invitó a Pertini al Vaticano, donde se descubrió que ambos tenían tanto en común que el Papa describió posteriormente su encuentro como emotivo. "El encuentro nos acercó mucho", dijo. "Las palabras del eminente visitante fueron sencillas, profundas y llenas de solicitud por el bienestar del hombre, por toda la humanidad".

Ese mismo año, Giulio Argan fue elegido alcalde de Roma. También él era un comunista convencido, y su elección fue una prueba más del giro que estaba dando la política italiana. El papa Pablo, satisfecho con el giro de los acontecimientos, esperaba con interés trabajar con el alcalde con un espíritu de "deseo, confianza y gratitud anticipada".

Hasta ahora hemos dado ejemplos del compromiso personal del Papa con los principios marxistas. Y que no era en absoluto reacio a transigir o renunciar a la doctrina de la Iglesia quedó demostrado por la forma en que manejó el caso de Alighiero Tondi, un sacerdote que abandonó la Iglesia y se convirtió en un ferviente colaborador de Moscú.

Tondi se casó con Carmen Zanti, a quien eligió por su mirada melancólica y su dulce voz. Tondi nunca había sido dispensado de sus votos anteriores, pero el papa Pablo no tuvo dificultad en declarar que su matrimonio, carente de cualquier forma religiosa, era canónicamente válido.

Mientras tanto, Carmen había utilizado su voz con tan buen efecto que fue elegida diputada de la Cámara de Diputados soviética y, posteriormente, senadora. Luego, ambos agentes del K.G.B., se trasladaron a Berlín, donde Carmen, que era evidentemente más ambiciosa que Tondi (que tenía remordimientos de conciencia), se convirtió en la líder de la organización comunista femenina.

Tondi, que nunca olvidó del todo su ordenación, sufría un temor prematuro al fuego del infierno y deseaba volver a la Iglesia. Nada más fácil, dijo el papa Pablo, que no era nada escrupuloso. Levantó la excomunión del penitente, le asegur e que no tenía necesidad de retractarse y declaró que su matrimonio seguía siendo perfectamente válido.

El hecho de que se le diera "un rostro humano" al comunismo, y nada menos que por un legislador como el jefe de la Iglesia, no dejó de tener efecto en otros países. Cuando se reunió en Francia el Comité Nacional de Acción Católica para los Trabajadores, asistieron siete miembros afiliados al Partido Comunista. Los obispos franceses pasaron por alto sus tendencias antinacionales y disruptivas.

En Inglaterra, el cardenal Hume, de Westminster, expresó su simpatía por los movimientos que desafiaban la autoridad de los gobiernos opuestos a la izquierda. Y en febrero de 1981, el cardenal Gray y su obispo auxiliar, monseñor Monaghan, líderes de la archidiócesis de St. Andrews y Edimburgo, pidieron a los católicos que apoyaran a Amnistía Internacional, un movimiento que, bajo la bandera de los derechos humanos, prestaba toda la ayuda posible, moral y de otro tipo, a los agitadores que, en varias partes del mundo, trabajaban por el derrocamiento del orden establecido.

Los elementos insatisfechos dentro de la Iglesia, que tenían voces más débiles y ningún puño cerrado para enfatizar su protesta, pronto descubrieron que no tenían derecho a apelar contra la imposición de lo que, para ellos, era un peligro más mortal que la herejía. Un portavoz de los católicos tradicionales en Estados Unidos, el padre Gommar de Parrw, explicó su desconcierto al Vaticano y pidió orientación. Su carta ni siquiera fue reconocida. Cuando se anunció que se celebraría en Zaragoza un congreso de sacerdotes españoles en defensa de la misa, un edicto emitido por el papa Pablo VI, casi en el último momento, impidió la reunión.

4.

Los colores de la Iglesia católica, que en otro tiempo se enorgullecían de su independencia, se vieron sensiblemente rebajados cuando el papa Pablo entabló un "diálogo" con el Consejo Mundial de Iglesias.

En aquel momento, en 1975, más de doscientas setenta organizaciones religiosas de diversa índole se agruparon bajo el Consejo, y pronto quedó claro que defendía las teorías de la liberación introducidas por Juan XXIII y promovidas posteriormente por Pablo VI. Disponía de fondos para financiar movimientos subversivos en lo que se denomina el Tercer Mundo, hasta el punto de que incluso nuestra prensa se vio obligada a quejarse del apoyo que prestaba.

Sus donaciones no eran mezquinas. Por ejemplo, como lamentaba el Daily *Express*, se habían destinado 45 000 libras esterlinas a terroristas responsables de la masacre de mujeres blancas, niños y misioneros; y el Anglican *Church Times* comentaba que el Consejo Mundial de Iglesias "ha desarrollado un sesgo político claramente marxista en su preferencia por una revolución de carácter izquierdista".

La Iglesia católica siempre se había mantenido al margen del Consejo Mundial. Pero la llegada del ecumenismo lo cambió todo, y las peligrosas tendencias del Consejo se restaron importancia con el fin de fomentar la armonía entre las diferentes religiones.

El papa Pablo, aclamado por estar siempre dispuesto a adaptarse a los nuevos tiempos, estaba dispuesto a ponerse de acuerdo con el Consejo. Pero tenía que actuar con cautela, ya que la opinión católica en todo el mundo había sido bien educada para resistir cualquier intromisión en sus derechos y sus reivindicaciones históricas.

Así que cuando se le preguntó si se podía formar una alianza, respondió con un diplomático "todavía no". Pero mostró sus simpatías al seguir con un regalo personal de 4000 libras para promover la labor del Consejo y su ayuda a la guerrilla.

El actual Papa, Juan Pablo II, ha anunciado su intención de reanudar las negociaciones con los proterroristas.

5.

Hay una nota más siniestra con la que terminar este resumen de la intransigencia del papa Pablo.

El nombre de un confeso adorador del diablo, Cardonnel, es prácticamente desconocido aquí, pero en otros países sus escritos despertaron una variedad de sentimientos que iban desde la admiración reverencial hasta el horror en quienes los leían.

Como miembro de la Orden Dominicana, se le concedió permiso para hablar en Notre-Dame de París a mediados de la Cuaresma de 1968. Los oyentes quedaron impresionados por sus expresiones anticristianas rabiosas, por las que fue llamado "el teólogo de la muerte de Dios". Se jactó de este título, abandonó su orden y finalmente la Iglesia, y se convirtió en un devoto adorador del diablo. En un arrebato típico, comparó al Dios cristiano con Stalin, con una bestia y, finalmente, con Satanás.

El papa Pablo VI admiraba su obra y, aunque ignoró las peticiones de los católicos que deseaban salvaguardar su religión, se tomó la molestia de escribir a Cardonnel para felicitarlo y enviarle sus mejores deseos.

Noveno parte

¡Oh, cambio más allá de lo imaginable, del pensamiento o de la creencia!

Milton.

La siguiente sección ha sido escrita con cierta reticencia. Por un lado, porque conduce, en una parte posterior, a acontecimientos sorprendentes, obscenos y profanos, que han tenido lugar en edificios consagrados por el ritual y por la historia, y que los católicos practicantes preferirían ignorar. Por otro lado, trata de la enseñanza de la Iglesia sobre la misa, o más bien, sobre lo que la Iglesia enseñaba sobre la misa cuando aún hablaba con una autoridad reconocida incluso por quienes se negaban a aceptarla.

Por lo tanto, es necesario, para aclarar la comprensión de quienes quizá no estén familiarizados con esa enseñanza, echar un vistazo a algunos aspectos esenciales que la conciernen. La misa no era simplemente un servicio. Era el acto central de la vida de la Iglesia, un gran misterio por el cual el pan y el vino eran consagrados y se convertían así en el verdadero cuerpo y sangre de Cristo. Era el sacrificio del Calvario representado de nuevo, una garantía de la salvación efectuada por Cristo, que estaba allí, bajo las especies sagradas del pan ("Este es mi cuerpo") y el vino, sobre el altar.

Siempre que un católico se encontraba en un entorno desconocido, la misa era su punto de referencia para el culto. Así había sido, con algunas pequeñas modificaciones, para los católicos latinos desde los primeros siglos del cristianismo (aproximadamente desde el siglo VII) según los registros. Y así seguiría siendo, según enseñaba la Iglesia y creían los fieles, hasta el fin de los tiempos, un baluarte contra el error que inspiraba un aire de santidad —o de impresionante farsa, llámese como se llame— que reconocían tanto los devotos como los incrédulos.

Típico de quienes sabían esto era el liberal y protestante Augustine Birrell, 1850-1933, que fue en algún momento secretario para Irlanda. "Es la misa lo que importa", decía. "Es la misa lo que marca la diferencia, tan difícil de definir, entre un país católico y uno protestante, entre Dublín y Edimburgo".

La cualidad única de lo que podría llamarse, en términos coloquiales, un hito en la religión, siempre ha influido en los planes de quienes se propusieron vencer a la Iglesia. La misa siempre se ha interpuesto en su camino, un obstáculo que había que derribar antes de que su ataque pudiera avanzar. Fue denigrada como una superstición vil, una mera operación de las manos, acompañada de palabras, que engañaba a los crédulos.

El ataque contra ella fue más duro, y en parte exitoso, en el siglo XVI; y cuando la Iglesia recuperó el aliento, convocó un concilio que tomó su nombre de la pequeña ciudad de Trento, que más tarde se convirtió en una provincia italiana, donde se definieron los principios de la Contrarreforma. Y esos principios tomaron forma, en gran medida, como una defensa del punto central que nunca se había perdido de vista: la misa.

Fue codificado por Pío V, el futuro santo que había comenzado su vida como pastor y que, de acuerdo con el veredicto de Roma de que el matrimonio de Enrique VIII con Ana Bolena era inválido, declaró que su hija, la reina Isabel I de Inglaterra, era por lo tanto hereje y bastarda. Y desde entonces, los ecos de su firme y comprometida, pero siempre digna, voz han perdurado en asociación con la antigua catedral románica de Trento, lugar que da nombre, tridentino, al orden de la misa que se pretendía que pasara a ser de uso general en toda la Iglesia y para siempre.

El Misal que él redactó, y en el que se decretó esto, no deja lugar a dudas: En ningún momento en el futuro se podrá obligar a un sacerdote a utilizar ninguna otra forma de celebrar la misa. Y para que una vez e para todos quede excluido cualquier escrúpulo de conciencia y temor a las penas y censuras eclesiásticas, declaramos por la presente que, en virtud de nuestra autoridad apostólica, decretamos y prescribimos que el presente orden nuestro perdure perpetuamente y nunca en el futuro pueda ser revocado o modificado legalmente".

El decreto advertía específicamente a todas las personas con autoridad, cualquiera que fuera su dignidad o rango, sin excluir a los cardenales, y les ordenaba, como cuestión de estricta obediencia, que nunca utilizaran ni permitieran ceremonias y oraciones de misa distintas de las contenidas en este misal. Esto se repitió, como para dejar doblemente claro, incluso a aquellos que ya se habían convertido, que estaba hablando como Papa: "Y así, este Concilio llega a la verdadera y genuina doctrina sobre este venerable y divino Sacrificio de la Eucaristía, la doctrina que la Iglesia católica siempre ha sostenido y que sostendrá hasta el fin del mundo, tal y como la aprendió de Cristo nuestro Señor, de los Apóstoles y del Espíritu Santo".

Pocas afirmaciones papales han sido más explícitas. La misa, como es generalmente conocido, debía conservarse, inalterada e inalterable, para siempre. Pero el cardenal Bugnini, que siguió aferrado a su cargo después de que se conociera su pertenencia a una sociedad secreta, y Pablo VI, que fingió ignorar tal revelación, hicieron caso omiso de la declaración del papa San Pío V.

Más tarde se supo que unos veinte años antes de que el Concilio Vaticano II hiciera trizas el libro de la misa tradicional, se había encargado a un sacerdote profesor que elaborara planes para introducir cambios litúrgicos graduales; mientras que en diciembre de 1963 el Concilio introdujo nuevas prácticas y una nueva terminología que, en un principio, tuvieron poco impacto en el público.

Pero ahora el papa Pablo y el cardenal Bugnini, con la ayuda del cardenal Lercaro, siguieron adelante, con la ayuda de no católicos a los que llamaban "expertos autorizados en teología sagrada".

2.

Los expertos convocados para modificar el Santísimo Sacramento de la Iglesia Católica estaban compuestos por uno o dos protestantes; el canónigo Ronald Jasper; Robert McAfee Brown, presbiteriano; Biother Thurion, luterano; un calvinista, un rabino y un tal Joachim Jeremias, antiguo profesor de la Universidad de Gotinga que negaba la divinidad de Cristo.

Bugnini dijo que solo estaban presentes como observadores, que no tenían voz cuando se discutían los cambios. Pero, aparte del hecho de que afirmaron haber desempeñado un papel activo en el Concilium, que hicieron comentarios y sugerencias, solo hay que preguntarse: ¿por qué, sin ningún propósito definido, se les invitó a participar?

Sea lo que sea lo que decidiera este grupo tan heterogéneo, dijo el papa Pablo, sería "de acuerdo con la voluntad de Dios". También se pretendía que correspondiera al temperamento del "hombre moderno". Y lo que surgió de sus deliberaciones fue un misal Novus *Ordo (*Nueva Misa), un verdadero signo de los tiempos que significaba que estaba a punto de comenzar la era de la "MiniMisa" y de la música "pop" en la Iglesia, con todas las profanidades que ello conllevaba.

Tales innovaciones exigían una obediencia ciega a quienes creían que la conformidad con todo lo que decía y hacía el sacerdocio, especialmente en la iglesia, era una virtud. A algunos que cuestionaron los cambios se les dijo que no se atrevieran a seguir preguntando. Se decía que era contumaz y desagradable a Dios; mientras que el hecho de que muchos se opusieran firmemente a los cambios y dieran la espalda al Novus *Ordo*, provocó la acusación de que estaban en pecado mortal e infligiendo otra herida al Padre amoroso que esperaba darles la bienvenida.

Después de todo, el Vaticano y su portavoz principal, el papa Pablo, habían aprobado los cambios. Se había logrado una revolución, y todo era para bien. El antiguo Misal Romano había pasado a ser cosa del pasado. Los progresistas estaban eufóricos. Y ahora procedían a ir más allá de su objetivo original y seguían adelante.

Una serie de prácticas que a primera vista podían parecer menores fueron objeto de su escrutinio.

Se consideró innecesario genuflexionar y arrodillarse para recibir la Sagrada Comunión. Al entrar en una iglesia cuyo interior era familiar desde hacía mucho tiempo, uno se llevaba una sorpresa al ver que el altar de travertino, quizá de valor incalculable, había sido sustituido por una mesa, ante la cual el sacerdote, al que ahora se llamaba a veces presidente, se enfrentaba al pueblo y, en una lengua vernácula torpe, en lugar de la antigua música verbal (pues el latín siempre ha sido odiado por los enemigos de la Iglesia), invitaba a la congregación a unirse a él.

La forma de recibir la comunión también había cambiado mucho. La hostia podía entregarse en la mano, como se pudo comprobar cuando el papa Pablo celebró una nueva misa en Ginebra. Se pasaban varias hostias a una niña que estaba convenientemente situada cerca y ella las distribuía en las manos, a veces sucias o pegajosas, de los que la rodeaban, o en la mano de cualquier espectador que se acercase para ver lo que se estaba repartiendo.

Otro método consistía en colocar los elementos sagrados de un solo uso en un cáliz y luego invitar a los fieles a acercarse y servirse ellos mismos. Se podía dar un sabor adicional al pan mojándolo en el vino. Hasta entonces, era impensable que los no católicos recibieran la comunión en misa. Pero el papa Pablo introdujo una nueva "actualización" al permitir que una mujer que se declaraba presbiteriana, la señorita Barberina Olsen, recibiera la hostia.

Su ejemplo fue seguido. Primero el cardenal Bea, y después él, el cardenal Willebrands, autorizaron a sus obispos a hacer una invitación abierta; y luego el cardenal Suenens, al término de un congreso en Medellion, en Colombia, invitó a todos y cada uno a acercarse con la boca abierta o la mano dispuesta.

Una batalla más decisiva se libró en Roma, donde se celebró la nueva misa de Bugnini en la Capilla Sixtina. Una gran mayoría de los prelados presentes votaron en contra. Las cifras reales fueron setenta y ocho a favor y doscientos siete en contra. El ortodoxo cardenal Ottaviani, que nunca perdió su casta, examinó el texto de la versión vandalizada y encontró que contenía unas veinte herejías.

"La Nueva Misa", dijo, "se aleja radicalmente de la doctrina católica y desmantela todas las defensas de la fe". El cardenal Heenan, de Westminster, expresó el mismo sentimiento: "La vieja jactancia de que la misa es la misma en todas partes... ya no es cierta".

Ottaviani era jefe de la Santa Inquisición, que ejercía la tutela de la fe y la moral.

El papa Pablo reprimió el oficio y recortó las alas del cardenal, que estaba tan molesto por el voto adverso que prohibió que la nueva misa volviera a ser objeto de votación. A partir de entonces, recibió la aprobación oficial, pero no la popular. Miles de personas, que no podían tolerar una forma de misa menos digna que la comunión protestante, abandonaron la iglesia o dejaron de asistir a ella. Muchos sacerdotes siguieron su ejemplo. Los que se mantuvieron fieles a la decisión incontrovertible de Pío V sobre la misa fueron amenazados con la suspensión o incluso con la excomunión.

Uno de los primeros en ser declarado anatema por celebrar la misa antigua fue un sacerdote algo alejado de los escenarios de tensión, el padre Carmona, de Acapulco, en México. El obispo Ackermann, de Covington, Estados Unidos, al enfrentarse a varios sacerdotes ortodoxos y, por tanto, recalcitrantes en su diócesis, se lamentó impotente: "¿Qué puedo hacer? No puedo meterlos en la cárcel". Sus dudas se plasmaban en una pregunta que se dejó para que respondiera el papa Pablo: ¿era la introducción de la nueva misa el comienzo de una nueva era de oscuridad en la tierra o el presagio de una crisis sin precedentes dentro de la Iglesia?

Se negó a responder. Y el mismo muro de silencio se encontró una delegación de sacerdotes que suplicaba el retorno a la misa tradicional; mientras que miles de personas de varias partes de Europa, que acudieron a Roma con el mismo propósito, fueron rechazadas.

Los que provocaron los cambios no habían trabajado a ciegas. Habían seguido un plan, de conformidad con el diseño secreto que constituye el tema de estas páginas. Ahora tenían el futuro en sus manos, y la confianza con la que lo aceptaban quedó patente en un artículo de *L'Osservatore Romano,* que describía el futuro bastante desesperado que esperaba a los sacerdotes que se atrevieron a desafiar la ira del Vaticano cumpliendo con los deberes para los que habían sido formados.

Según el artículo, se convertirían en sacerdotes sin cabeza, autónomos, enfrentados a una vida árida y miserable. Sin un futuro protegido, sin ascensos en la jerarquía, sin expectativa de una pensión al final de su ministerio.

Uno de los que más había promovido los cambios cantaba sus alabanzas en los siguientes términos: Es una liturgia de la misa diferente. Queremos decirlo claramente. El rito romano tal y como lo conocíamos ya no existe. Ha desaparecido. Algunas paredes de la estructura se han derrumbado, otras han sido modificadas. Ahora podemos contemplarlo como una ruina o como los cimientos particulares de un nuevo edificio. No debemos llorar por las ruinas ni soñar con una reconstrucción histórica. Abramos nuevos caminos, o seremos condenados como Jesús condenó a los fariseos".[18]

El papa Pablo fue igualmente extremo al aprobar las conclusiones de la comisión sobre la liturgia del Concilio

---

[18] Padre Joseph Gelineau. *La liturgia hoy y mañana.* (Darton, Longman y Todd, 1978).

Vaticano II: "El antiguo rito de la misa es, de hecho, la expresión de una eclesiología distorsionada".

Al leer esto, algunos habrán recordado el antiguo juramento de coronación, que decía lo siguiente:[19]

Juro no cambiar nada de la tradición recibida, ni nada de lo que encontré ante mí custodiado por mis predecesores agradables a Dios, ni invadir, alterar o permitir ninguna innovación en ella.

"Al contrario, con ardiente afecto, salvaguardaré con toda mi fuerza y mi máximo esfuerzo lo bueno que se me ha transmitido.
"Limpiaré todo lo que sea contrario al orden canónico que pueda surgir.

"Guardaré todos los cánones y decretos de nuestros Papas como ordenanzas divinas del cielo, porque soy consciente de Ti, cuyo lugar ocupo por la gracia de Dios.

"Si me atreviera a actuar en sentido contrario, o permitiera que se llevara a cabo, no serás misericordioso conmigo en el terrible día de la Justicia Divina.

"En consecuencia, sin excepción, sometemos a la más severa excomunión a cualquiera, sea yo mismo u otro, que se atreva a emprender cualquier cosa nueva en contradicción con esta tradición evangélica constituida y la pureza de la fe ortodoxa y la religión cristiana, o que trate de cambiar cualquier cosa con sus esfuerzos contrarios, o que concuerde con aquellos que emprendan tal empresa blasfema".

No sé cuándo se prestó este juramento en el momento de una coronación. Pero sus principios, hasta la era Roncalli, fueron tácitamente aceptados y respaldados como parte convencional de la observancia papal.

Por ejemplo, uno de los papas más grandes y dotados, Pío II (1458-64), en su bula *Execrabilis*, repitió una ley que fue

---

[19] Traducido por el Dr. Werner Henzellek de *Vatican II, Reform Council or constitution of a new Church? Por* Anton Holzer.

respaldada a lo largo de los siglos y aceptada, sin modificaciones, por lo que siempre se ha denominado el magisterio " " de la Iglesia: "Cualquier concilio convocado para introducir cambios drásticos en la Iglesia queda por adelantado declarado nulo y sin efecto".

Pero Pablo VI, amigo de los comunistas, que colaboró con el anarquista Alinsky y con el mafioso Sindona, publicó su propia declaración de política, que apareció en *L'Osservatore Romano*, el 22 de abril de 1971, en la edición inglesa:

"Nosotros, los modernos, los hombres de nuestro tiempo, queremos que todo sea nuevo. Nuestros mayores, los tradicionalistas, los conservadores, medían el valor de las cosas según su calidad duradera.

Nosotros, en cambio, somos actualistas, queremos que todo sea nuevo todo el tiempo, que se exprese de forma continuamente improvisada, dinámica e inusual.

Fueron delirios de este tipo (que recuerdan el sarcasmo de "Peter Simple" en *The Daily Telegraph*) los que llevaron a la introducción de alimentos como el rosbif, las gelatinas y los perritos calientes, regados con tragos de Coca-Cola, en el Santo Sacrificio de la Misa, y a las monjas a dar golpecitos con los talones y retorcerse el cuerpo, en una especie de *carmagnole*, para marcar el Ofertorio.

"El Anticristo", dijo Hilaire Belloc en 1929, "será un hombre".

Pero quizás la justificación más ridícula del cambio la dio uno de nuestros obispos más "progresistas", que dijo al autor de este artículo: "La nueva misa tuvo ayer un comienzo estrepitoso. Las guitarras resonaban por toda mi diócesis".

3.

Los cambios doctrinales y litúrgicos en la Iglesia no tardaron en mostrar los efectos que los conservadores habían pronosticado; y, por sorprendentes que fueran muchos de ellos, siguen siendo en gran parte desconocidos incluso para las personas que viven en los países donde se produjeron.

Se solía considerar una atrocidad de lo más extrema que, durante la Revolución Francesa, una prostituta fuera izada al altar de Notre Dame, donde fue coronada y adorada como la Diosa de la Razón, o que la catedral de Chartres estuviera a punto de ser convertida en un templo de la Razón.

Pero tales cosas palidecen hasta convertirse en insignificantes si se comparan con las profanaciones y obscenidades que han tenido lugar, a menudo con la aprobación de los prelados, en algunas de las iglesias católicas más veneradas a ambos lados del Atlántico.

Hubo un marcado abandono del ritual establecido cuando cosas como una cena comunitaria sustituyeron a la misa solemne; cuando el sacerdote, armado con un cuchillo de pan, tenía delante una gran hogaza que cortaba en trozos, ayudando a los demás y luego comiendo él mismo, hasta que el masticar generalizado de las mandíbulas mostraba su agradecimiento por el Cuerpo de Cristo. Estas cenas, servidas en la casa de un feligrés, se convirtieron en una característica habitual de la vida familiar holandesa. A veces, la "señora de la casa", en lugar del sacerdote, oficiaba la misa que se celebraba en su "mejor salón".

No eran pocos los lugares en los que la función tradicional del sacerdote era desempeñada por una mujer, que se paseaba entre los fieles repartiendo la comunión a cualquiera que se quedara con la boca abierta y mostrando nauseabundamente la lengua y los dientes. A veces se colocaba en la mano sudorosa de un niño, o en un , entre los dedos temblorosos y la palma de un anciano que rápidamente la dejaba caer al suelo, donde podía ser pisoteada; o bien se autoadministraba.

Una niña pequeña salió de misa, en uno de los barrios más "avanzados" de Holanda, diciendo que allí había aprendido más que viendo a su hermano en la bañera. El monaguillo, que en Inglaterra habría pasado por un estudiante de cuarto curso, estaba desnudo.

El papa Pablo, decidido a no quedarse atrás en la carrera por el progreso, firmó un edicto especial por el que cualquiera que quisiera servirse de la sangre de Cristo podía chuparla con una pajita. De este modo, algunas iglesias llegaron a parecerse a una cafetería, sobre todo cuando el estruendo de una discoteca salía del santuario, junto con los gritos, los rasgueos y las pisadas que acompañan la celebración de una misa de jazz, una misa beat y una misa "yeah-yeah". Había misas para adolescentes en las que, en lugar del pan y el vino sacramentales, se servían perritos calientes, bollos y coca-cola. En otras, el whisky y las galletas saladas sustituían a los elementos. A algunos sacerdotes les resultaba incómodo llevar el alba para celebrar la misa, por lo que recurrían a la camisa de manga corta.

La nueva libertad ofreció a los extremistas políticos la oportunidad de dar a conocer sus principios, normalmente de izquierdas. Uno de los seminarios más importantes de Canadá fue vendido a comunistas chinos, que arrancaron el sagrario y colocaron en su lugar un retrato del asesino en masa Mao Tse Tung. Más tarde se convirtió en un centro de entrenamiento para combatientes callejeros revolucionarios.

En septiembre de 1971, la escuela católica de Vald'Or, Abitibi, Quebec, inició un nuevo juego para los niños. Consistía en escupir a la figura de Cristo en la cruz, y el que cubría la cara con más saliva era declarado ganador. Así lo informó el periódico francocanadiense *Vers Demain* en septiembre de 1971.

En una provincia sudamericana, donde los disturbios rara vez cesaban, un obispo local, Casaldaliga, se puso del lado de los insurgentes de inspiración rusa. Adoptó el atuendo tosco y improvisado de un guerrillero, con cinturón de cartuchos incluido, y se embarcó en un , predicando y oficiando misa bajo el nombre que se dio a sí mismo, Monseñor Martillo y Hoja de Parra.

Pero una escena verdaderamente siniestra tuvo lugar en la basílica de Santa María de Guadalupe, en la Ciudad de México, donde se sacrificó una cabra delante del altar mayor. Ahora bien, no es solo el hecho de que se matara a un animal, y en una iglesia, lo que suscita comentarios. Parece que no provocó ninguna reacción entre los presentes, que se quedaron boquiabiertos, asombrados, y luego se marcharon, sin duda concluyendo que todo formaba parte del nuevo orden dentro de la Iglesia. Y así era. Pero el arzobispo Gómez, responsable de la basílica, sabía más que eso, al igual que la extraña multitud a la que se la había alquilado para la ocasión.

La cabra, que según se dice fue creada por el diablo, figura en la tradición satánica de aquellos cuyo designio secreto siempre ha sido la caída de la Iglesia. El suceso al que se hace referencia se asemeja a parte del antiguo ritual precristiano, en el que se sacrificaba una cabra en un altar durante el Día de la Expiación. Los pecados del sumo sacerdote y del pueblo se transferían a un segundo animal de la misma especie, que se convertía entonces en el chivo expiatorio y era conducido al desierto; o, en demonología, era empujado por un precipicio al fuego del infierno, donde lo esperaba Azazel, un ángel caído.

Por lo tanto, no se trataba de una misa ordinaria, sino de una misa negra celebrada en la Ciudad de México, con el uso de una cruz invertida, un evento que fue filmado y grabado por quienes lo organizaron.

Pero tales cosas solo fueron el comienzo, al igual que el creciente clamor, apoyado por los sacerdotes, a favor del aborto e e y de que las aberraciones sexuales fueran reconocidas como perfectamente normales. Había sacerdotes que casi gritaban a los cuatro vientos que se alegraban de ser homosexuales, ya que era un privilegio que confería la realización psicológica de la personalidad. En algunas partes se aceptó que los pervertidos del mismo sexo se casaran por la iglesia.

En París, un hombre y una mujer, sin una sola prenda de ropa, desfilaron desnudos ante un altar, donde fueron casados por un sacerdote que les transmitió lo que se ha denominado la "sublime bendición nupcial". Holanda, que no se quedó atrás, reaccionó con la noticia de que una pareja de homosexuales había intercambiado votos y promesas en una boda por la iglesia; mientras que un sacerdote estadounidense, que seguía en pie a pesar de haber sido citado en un caso de divorcio, se golpeaba alegremente el pecho y afirmaba que él también era un pervertido moral emancipado, lo que ratificó posteriormente uniendo en matrimonio a una pareja de lesbianas.

Fue una época fructífera para los chiflados y oportunistas de todo tipo. Una exmonja, Rita Mary, se unió a una comunidad laica estadounidense cuyos miembros estaban comprometidos con el nuevo espíritu que surgía en la vida religiosa. Un soplo de ese espíritu de novedad le reveló de repente que "Dios Padre es mujer". Otros que favorecían la causa de la liberación de la mujer adoptaron el mismo lema y, como parte de su campaña, aparecieron en las calles coches adornados con pegatinas que exhortaban a la gente a "Rezar a Dios, ella proveerá".

Los comerciantes no tardaron en aprovecharlo como un buen reclamo, y a los vehículos de Rita Mary pronto se unieron otros que ofrecían un consejo más material: "Con Jesús de tu lado, puedes ser un hombre de negocios más exitoso".

Sin salir de Estados Unidos, en julio de 1976 se celebró una reunión en Stubenville, Ohio, en la que mil sacerdotes respaldaron una novedosa intención de "desclericalizar el ministerio", lo que en la práctica significaba quedarse sin trabajo. Se les aconsejó que se prepararan para el colapso del orden social; luego, tras las oraciones, algunos descubrieron que habían recibido el don de la curación. A continuación, se produjo una imposición general de manos y, a partir de ahí, la congregación mixta, en medio de gritos, se echó a abrazarse y besarse.

Las explosiones de afecto espontáneo, como veremos, se convirtieron rápidamente en una característica de la Nueva Misa, al igual que la creciente obsesión por el sexo. La "exploración del tacto", en referencia a los cuerpos, se convirtió en un nuevo tipo de culto.

En una reunión celebrada en Filadelfia, a la que asistieron el cardenal Wright y ocho de sus obispos, el orador principal, el padre Gallagher, dijo a su audiencia que "el tacto es crucial". Y cabe suponer que muchos instintos reprimidos encontraron un alivio largamente esperado en las palabras que siguieron: "No sostengan las manos de los es sin sensualidad". Los nueve prelados transmitieron sonrisas y bendiciones al "amor interior", como se empezó a llamar a esas muestras de emoción, que siguió a continuación.

Una variación sobre el mismo tema se escuchó en el Congreso Pastoral Nacional celebrado en Liverpool en 1980, donde se aprobó una declaración que, para gran sorpresa de una audiencia inglesa representativa, deificaba el más natural de los actos matrimoniales: "Durante el acto sexual, el hombre y la mujer crean a Cristo", una afirmación que suena sospechosamente a las palabras de Aleister Crowley: "Los órganos sexuales son la imagen de Dios".

La última incursión en el reino de las tonterías eclesiásticas (enero de 1982) la ha realizado el obispo Leo McCartie, obispo auxiliar católico de Birmingham. Instó a que se permitiera a los rastafaris, en su mayoría jóvenes negros que llevan gorros de lana y trenzas, utilizar las instalaciones de la iglesia. Adoran al difunto emperador Haile Selassie de Etiopía como el verdadero dios, creen que Cristo era negro y fuman cannabis como parte de su ritual religioso.

El obispo admite que la Iglesia no puede tolerar que se fume cannabis en sus instalaciones, *pero solo porque es* ilegal (el énfasis es mío). Sin embargo, continúa, el rastafarianismo es una experiencia religiosa válida y sus seguidores consumen cannabis como un sacramento, "comparable al cáliz o la copa de la comunión en el culto cristiano". Ahora ya lo sabemos.

Veamos algunos ejemplos más de lo que ha logrado la tendencia modernista en Estados Unidos, todo ello, recordémoslo, sin provocar más que alguna protesta aislada, aquí y allá, por parte de la jerarquía. Además, todo ello fue aprobado por el papa Pablo, como lo demostró la presencia de su representante oficial, que transmitió los saludos papales a quienes se disfrazaron, retozaron y se comportaron como idiotas irreligiosos para demostrar la nueva libertad.

Durante los dos últimos años, el 28 de junio, la catedral de San Patricio, en Nueva York, ha sido el punto de llegada e e de lo que las autoridades eclesiásticas y seculares conocen como el Desfile Gay.

En 1981, una multitud estimada en 50 000 personas marchó por la Quinta Avenida, encabezada por una figura con la cara pintada de blanco, vestida con un vestido con volantes hasta los tobillos y un gorro, que daba vueltas por la carretera y la acera frente a la catedral con patines. Al menos uno de los espectadores reconoció a la figura como la de un reputado corredor de bolsa de Wall Street.

A continuación, una persona aclamada como Gran Mariscal del Desfile salió de una limusina negra, hizo payasadas en los escalones y, sosteniendo delicadamente un ramo de pensamientos, hizo ademán de entrar por la puerta principal. Para entonces, el Sr. McCauley, un abogado de Nueva York, ya hastiado por lo que había visto, arrebató las flores y las arrojó a la cara de los que se agolpaban detrás del mariscal. Se produjo una refriega y la policía se llevó al objetor.

La procesión tardó dos horas en pasar por un punto determinado y reunirse alrededor de la catedral. Algunos iban vestidos de sacerdotes, otros de monjas; algunos llevaban ropa de cuero negro y cadenas. Había un grupo llamado Dignidad y otro conocido como la Asociación Norteamericana de Amor entre Hombres y Niños.

Llevaban una gran pancarta en la que se leía "El amor entre hombres y niños es hermoso", y los miembros más mayores caminaban del brazo de niños, cuya edad media era de unos trece años, algunos de los cuales llevaban trajes de baño.

Los socialistas gays llevaban una pancarta roja y gritaban su odio a Dios y a la Iglesia mientras marchaban. Pero su frenesí era superado por el de los ateos militantes gays, que rugían al unísono: "¡Destruid la Iglesia! ¡Muerte a la Iglesia!". Otro grito de "¡Destruid el Estado!" demostró que la verdadera fuerza impulsora de la manifestación se estaba haciendo oír.

Luego hubo un interludio en el que un hombre, vestido con un hábito de monja y arrastrando una cruz invertida, ejecutó una danza, acompañada de gestos obscenos, durante media hora. A continuación, un grupo se adelantó y simuló encender una vela en la puerta de la catedral. Para entonces, el Sr. McCauley había regresado. Reanudó su protesta, pidió a la policía que detuviera las escandalosas actuaciones y fue arrestado de inmediato.

A continuación, los homosexuales procedieron a colocar una gran pancarta sobre las barricadas que habían levantado en la entrada de la catedral. Un capitán del cuerpo de bomberos de la ciudad se adelantó y pidió a un agente de policía que interviniera. El agente le dio la espalda, tras lo cual el jefe de bomberos se apoderó de la pancarta, la enrolló y la arrojó al suelo.

La multitud enfurecida se abalanzó sobre él. Lo tiraron al suelo, le arrancaron la chaqueta, le propinaron una lluvia de golpes, le agarraron los dedos y se los doblaron con la intención de romperlos, le separaron las piernas y le agarraron los genitales. Cuando pudo hablar, le dijo al policía que quería presentar cargos contra quienes lo habían atacado. El policía se burló de él. "Vuelva mañana a la misma hora y vea si puede reconocerlos". Cuando el jefe de bomberos insistió, el policía apretó su revólver con tanta fuerza y de forma tan amenazante que se le vieron los nudillos blancos.

Solo dos personas fueron detenidas, el Sr. McCauley y el jefe de bomberos, ambos por alteración del orden público.

Más tarde se enteraron de los cargos que se les imputaban. Un agente de policía dijo: "Di que le viste agredir a alguien". Otro dijo: "Añade que rompió el cordón policial".

Mientras tanto, el desfile continuaba, con la fachada de la catedral adornada con carteles y pancartas provocativas, uno de los cuales anunciaba que "Jesús era homosexual". Se coreaban versos burlones. "Dos, cuatro, seis, ocho. ¿Sabéis si vuestros hijos son heterosexuales?". Finalmente, se colgó una bandera en la puerta de la catedral. Estaba diseñada como la bandera estadounidense, pero en lugar de las estrellas había símbolos sexuales y representaciones del pene.

Los manifestantes, seguidos por una gran multitud, se dirigieron al Central Park, donde participaron en una exhibición pública de actos sexuales. Las personas asustadas que habían acudido a la catedral en busca de consuelo o tranquilidad se agruparon durante toda la tarde en capillas laterales y rincones. Cuando se les preguntó al respecto, los miembros de la Curia Diocesana dijeron que no había nada de qué quejarse.

En Virginia, un sacerdote condujo un Volkswagen por el pasillo de su iglesia para conmemorar la entrada de Cristo en Jerusalén. Más tarde, hizo colocar una carretilla elevadora en el patio de la iglesia y se subió a la cesta, donde se quedó de pie agitando los brazos mientras lo elevaban para conmemorar el Día de la Ascensión. En Boston, Massachusetts, unos sacerdotes vestidos de payasos, con corazones rojos decorando sus frentes, se peleaban y se empujaban en una iglesia tratando de atrapar globos. Un sacerdote vestido con una camiseta sin mangas y vaqueros retozaba en la iglesia con una chica cuya carne sobresalía de su leotardo.

En este país, un domingo por la tarde, la televisión se desvivió por mostrar a un obispo auxiliar procesando por el pasillo de una de nuestras catedrales católicas. Era conducido al altar por una niña que bailaba y saltaba delante de él como un potro. La celebración de la Santa Misa en otra iglesia concluyó con el canto de "For he's a jolly good fellow" (Porque es un buen tipo). [20]

---

[20] *The Sunday Telegraph*. 21 de febrero de 1982.

Estallidos similares se produjeron incluso en países latinos, donde los misterios de la Iglesia formaban parte desde hacía mucho tiempo de la conciencia nacional, de su sangre y sus huesos. Los visitantes de una iglesia cerca de Grenoble, en el departamento francés de Isère, se sorprendieron al ver que se retiraban los ornamentos y los candelabros del altar y que se despejaba el espacio delante de él. A continuación, se colocaron cuerdas para formar una representación profesional de un ring donde, según los carteles, iba a celebrarse un combate de boxeo internacional.

A la hora señalada, una multitud muy diferente a la habitual en ese lugar, compuesta en su mayoría por hombres, entró arrastrando los pies, tropezando o con aire arrogante en el edificio donde algunos de ellos habían sido bautizados y otros se habían casado. A medida que se sentían más cómodos, se gritaban pronósticos y se hacían apuestas, pero nunca se registraron los detalles del combate.

Si se ganó por puntos o por KO, quién actuó como árbitro o cronometrador y quién pasó las esponjas, cuánto se benefició la iglesia con la bolsa o la recaudación, nada de esto, , aparece en el registro parroquial. Tampoco hay ninguna protesta del obispo.

Un viernes a principios de diciembre de 1974, la catedral de Reims, iglesia de coronación de Francia, fue tomada por una horda de hippies y vagos para una de sus sesiones nocturnas. El arzobispo y su clero, que habían cedido amablemente el recinto, quizá observaron con envidia cómo los jóvenes prematuramente envejecidos del distrito acudían en masa, superando con creces en número a los que se veían en la misa mayor los domingos y días festivos.

La cacofonía corrió a cargo del Grupo Tangerine Orange, y cuando la congregación mixta se cansó de agitar los brazos y arrastrar los pies al ritmo del alboroto, se entregó a una orgía de drogas y consumo de hachís.

Cuando se supo este asunto, los feligreses enfadados exigieron que la catedral, que ocupa un lugar especial en la historia, fuera sometida a un servicio de purificación.

Pero sus protestas fueron desestimadas por el padre Bernard Goreau, que ocupaba el siempre cuestionable cargo de "agregado cultural" de la archidiócesis. Reconoció que se había dejado a los bailarines y fumadores a su aire durante horas en la oscuridad gótica. "Pero", añadió, "las cosas podrían haber sido peores".

En efecto, podrían haberlo sido. Se nos dice que solo orinaron y copularon en el suelo de piedra... por donde habían pasado los reyes de la antigua Francia en su camino hacia la unción, y donde Juana de Arco, sosteniendo su escudo, se había plantado como un soldado que regresaba de la guerra.

También en Francia era habitual que un sacerdote encendiera y fumara un cigarrillo mientras celebraba la misa.

Ni siquiera Roma se libró de las parodias sacrílegas que siguieron a la nueva libertad religiosa, la apertura de las ventanas de la Iglesia. La escena de una de ellas, en 1975, tuvo lugar en el aula de un convento romano. El papa Pablo estaba presente, pero el protagonista fue Fred Ladenius, un caballero del Medio Oeste que había adquirido fama por aparecer en la televisión belga. Además, un entusiasta e , lo había descrito como "el espíritu renacido, cuyo Dios actualizó al Jesús de 1974 convirtiéndose en el Dios de 1975".[21]

Fred se puso manos a la obra con gran virilidad, quitándose la chaqueta y profiriendo desvaríos casi incoherentes de los que, según él, no era en absoluto responsable. Lo que oyeron eran algunas de las verdades que había recibido, esa misma mañana, de boca del Señor. Porque el Señor hablaba y profetizaba a través de él. Fred acompañó estas revelaciones agitando los brazos con tanta violencia que empezó a sudar. Pero no estaba en absoluto

---

[21] Para más detalles sobre este y otros acontecimientos en Roma, véase *From Rome, Urgently (*Stratimari, Roma), de Mary Martinez, un libro muy animado al que estoy muy agradecido. También he recurrido a otro relato de una testigo ocular, Louise Marciana, antigua hermana de la Preciosísima Sangre. Fue en el convento de esa orden donde tuvieron lugar algunas de las travesuras aquí descritas.

agotado. Se arremangó la camisa y, , invitó a todos los que desearan recibir al Señor a que se acercaran "rápido".

Fred, aunque todavía sudaba profusamente, agitaba frenéticamente las manos sobre las cabezas de los que aceptaban la invitación, y acompañaba cada gesto con un grito de "¡Aleluya!". Al final de estos gestos, se retiró la pizarra de la escuela para dejar espacio a una mesa, sobre la que se colocaron dos cálices, uno con vino y otro con hostias del tipo que se utiliza para celebrar la misa.

Entonces todos se pusieron en fila y siguieron el ejemplo de Fred, que tomó una oblea, la mojó en el vino y se la llevó a la boca. La reunión terminó entre gritos cada vez más fuertes de "¡Aleluya!", a los que se unió el Papa, y con nuevas manifestaciones de que el espíritu realmente se movía entre ellos.

Fred fue debidamente recompensado al ser llamado por el Papa, quien le agradeció calurosamente todo el buen trabajo que estaba haciendo por la Iglesia. Fred se quedó en Roma, donde actuó durante un tiempo como vicario del secretario de prensa de Cristo.

En el calendario de la Iglesia, uno de cada veinticinco años es declarado Año Santo. Es un tiempo de peregrinaciones especiales, en el que millones de personas hacen penitencia para marcar su adhesión a la fe y obtener lo que se llama el Gran Perdón. Durante ese tiempo, Roma se llena de visitantes de todas partes del mundo, y en la última ocasión en que se declaró un Año Santo, en 1975, el papa Pablo VI dio la bienvenida, en términos de religión emancipada, a la nueva generación que había venido en busca de una ayuda liberadora e inspiradora, en busca de una nueva palabra, un nuevo ideal.

Los que asistieron a la misa solemne en San Pedro el 19 de mayo, a mitad del Año Santo, con la esperanza de obtener esos beneficios espirituales, no quedaron en absoluto decepcionados. Eran unos diez mil. El cardenal Suenens ofició en el altar mayor. El papa Pablo estaba presente. Quinientos sacerdotes se disponían a su alrededor. Así describió un periodista católico experimentado lo que sucedió cuando llegó el momento de recibir la Sagrada Comunión:[22]

"No era raro ver lo que a primera vista parecían pétalos blancos esparcidos entre la congregación. Solo cuando pude abrirme paso para acercarme me di cuenta de que eran puñados de hostias consagradas que los sacerdotes del cardenal esparcían entre la multitud... Caían sobre los hombros de los hombres, sobre las cabezas teñidas y descubiertas de las mujeres y, como era inevitable, no pocas caían al suelo y eran pisoteadas por la multitud.

Hablé con una señora que estaba cerca de mí y que estaba engullendo varias de ellas. Le pregunté de dónde era y si era católica. Me respondió que era de Egipto y que, de hecho, no tenía ninguna religión, pero que se sentía atraída por el islam.

Se levantaron grabadoras por encima de la multitud, que se estaba animando rápidamente. De repente, una voz retumbó a través de un micrófono colocado cerca del altar diciendo que Dios no solo estaba presente, sino que, de hecho, estaba hablando: " ", aunque con un fuerte acento nasal americano. Uno se pregunta si el omnipresente Fred estaba de nuevo en acción.

Entonces, el papa Pablo tomó la iniciativa. Recogió puñados de hostias y las presionó contra las personas que ya tenían la boca llena de las especies consagradas, de modo que solo podían liberar las manos pasando las hostias a otros, que las arrugaban o las dejaban caer al suelo. El Papa, al comenzar a pronunciar su discurso, tuvo que levantar la voz para hacerse oír por encima del creciente alboroto, al que contribuyó exclamando un anacrónico "¡Aleluya!" y levantando los brazos.

Para entonces, algunas personas ya bailaban. Otras se sentaban en cuclillas o se apiñaban en el suelo entre los fragmentos pisoteados de lo que, según les habían enseñado, era el cuerpo de Cristo. Se balanceaban al ritmo de un gemido sordo, expresión

---

[22] Simon Keegan. *Boletín de la Asociación Internacional de Sacerdotes*. Publicado por el Presbiterio de San Jorge, Polegate, East Sussex.

del éxtasis inspirado por la ocasión, que fue creciendo hasta llenar la basílica.

Aún en ese mismo año, un visitante de la iglesia de San Ignacio, en la calle que lleva el nombre del fundador de los jesuitas, en Roma, habría notado que una pesada cortina cubría el altar mayor. Además, los asientos habían sido girados, como para indicar que los asistentes al servicio no deseaban recordar la urna de lapislázuli que contenía las reliquias de San Luis Gonzaga.

Se veía una batería de micrófonos y altavoces, y a través de uno de ellos se oía la voz de un jesuita irlandés-estadounidense, el padre Francis Sullivan, que anunciaba, al estilo aprobado por los seguidores del general Booth, que se habían reunido para alabar al Señor. A continuación, insistió en que la religión estaba en un estado de cambio, que todo estaba cambiando y que era una pérdida de tiempo mirar con nostalgia hacia lo que se creía en el pasado. Sus declaraciones fueron recibidas con la aprobación sonriente del cardenal Suenens, en quien siempre se podía confiar para patrocinar efusiones "extravagantes".

A estas alturas, los romanos ya se estaban acostumbrando a que su fe fuera supervisada por oráculos de los Estados Unidos, y escucharon con atención cuando una segunda voz, procedente del mismo lugar de origen que el pad, el padre Sullivan, les exhortó a amarse los unos a los otros. La gente que abarrotaba la iglesia, así animada, comenzó a mirar, a intercambiar miradas y a acercarse sigilosamente a la persona de su elección. ¿Acaso imaginaban, continuaba la voz, que el don del amor era un privilegio destinado solo a la Iglesia primitiva? ¡Por supuesto que no!

Con eso, gritos de aprobación casi derribaron el techo, y las parejas se abrazaron, se tiraron al suelo, agitando brazos y piernas, con los dedos y la boca dando rienda suelta a una pasión que ya no estaba temerosamente reprimida por el entorno, sino que ahora podía expresarse con una libertad similar a la que conocen los amantes en una zanja. Los que no podían participar en el espectáculo, por edad o por enfermedad, lo saboreaban con mirada lasciva, bailaban unos pasos o cantaban alabanzas a la Hostia cuya casa habían convertido en un manicomio. ¡Aleluya!

Dios era bueno, y todo esto demostraba que ir a la iglesia podía ser ahora un acontecimiento alegre.

En medio del alboroto, un fraile vestido con el hábito marrón de San Francisco de Asís consiguió hacerse oír. Se encontraba en una situación física desesperada, consciente de una sensación extraña, mística y maternal. Se sentía exactamente como María cuando concibió a su Hijo. Lleno de gracia... más aplausos... y de nuevo Aleluya.

Lo que quedaba de San Luis en su urna permaneció en silencio, al igual que San Ignacio, que, como soldado, había conocido el silbido limpio de una espada al ser desenvainada de su vaina.

Para proporcionar un clímax aún más sorprendente, volvamos al año 1970, cuando se celebró un Congreso Teológico Progresista en una iglesia franciscana de Bruselas. El tema principal que se debatió, en clara contradicción con el programa del Congreso, tal y como indicaba su título, fue el sexo, y se expuso ante una audiencia casi exclusivamente juvenil.

Era de esperar, dado el tema, que el cardenal Suenens estuviera presente; además, como primado de Bélgica, se encontraba en su propio terreno.

El congreso comenzó con la entrada de las chicas, vestidas de blanco, que se retorcían de un lado a otro, agitando cordones y trozos de una cadena rota para mostrar que eran libres. En un intermedio después del baile, se repartieron trozos de pan y copas de vino, seguidos de uvas y cigarrillos.

Entonces, justo cuando los jóvenes miembros de la conferencia pensaban que todo había terminado, sus ojos se dirigieron hacia el altar, desde donde algo comenzaba a levantarse y a tomar una forma increíble. [23]

Al principio se recibió con exclamaciones, luego con risitas y, finalmente, se desató el caos cuando se vio que el plástico

---

[23] Informe del Servicio de Noticias Belga, citado en *Il Giornale d'Italia*, 17 de septiembre de 1970.

transparente que formaba la figura representaba un pene gigantesco. Los delegados gritaron hasta quedarse roncos, sintiendo que era un desafío, un reconocimiento de su virilidad. Fue el tipo de clímax que nunca se había imaginado y que solo podría figurar en los sueños más extravagantes y obscenos. La presencia del cardenal confería un glamour permisivo a un escenario que nunca volverían a contemplar con reverencia.

Es oportuno, en el marco de nuestra tesis, examinar más detenidamente la escena que tuvo lugar en la iglesia de Bruselas y la palabra "aleluya", que nunca ha sido de uso cotidiano como expresión *oral* de alabanza en las Siete Colinas. Como ofrenda de alabanza a Jehová, siempre ha sido utilizada comúnmente por los revivalistas religiosos más que por los latinos. Pero ahora vemos que el papa Pablo la utiliza.

¿Qué le llevó a hacerlo? ¿Y por qué el cardenal Suenens, ante un altar, presidió una asombrosa exhibición de tonterías carnales que a muchos, especialmente a los fieles, les resultará difícil o imposible de creer?

Hay una explicación. Ninguno de los dos, aunque vestían las túnicas, las vestimentas y todos los signos externos del prelado católico, eran cristianos. Habían pasado, tras varias etapas preparatorias, al más alto escalafón del conocimiento oculto. Habían sido instruidos, fichados y avalados por los Maestros de la Sabidurí, en uno de los templos más importantes donde los ritos atávicos, todos con connotaciones sexuales, sustituyen a la religión.

Cuando las adolescentes gritaban con vergüenza y deleite al ver el gran pene de plástico que se alzaba ante ellas, el cardenal Suenens sabía perfectamente que estaban, tal y como él pretendía, conmemorando al dios pagano Baal, cuyo nombre, dividido en sus raíces sumerias[24], tiene varios significados. Entre ellos se encuentran señor, amo, poseedor o marido, mientras que

---

[24] De Sumer, que formaba parte de Babilonia.

otros se refieren al pene de un hombre dominante, con su fuerza penetrante y empujadora.

Así pues, lo que el cardenal organizó para los jóvenes, en su mayoría chicas, de Bruselas fue un espectáculo de adoración fálica, que simboliza el poder generativo contenido en el semen, o jugo de la vida, que brotaba del poderoso pene de Baal y se derramaba sobre toda la vida y la naturaleza. Un falo exagerado era también un símbolo de Yesed, la esfera de la luna, y también del dios cornudo Dionisio, o Baco.

El canto de alabanza entonado por el papa Pablo tiene su origen en la misma fuente del culto pagano, ya que su significado, de nuevo según su construcción sumeria, se refiere al agua fuerte de la fecundidad, o semen. Durante las exhibiciones públicas de relaciones sexuales en masa, que se conocen con el nombre de ritos de fertilidad, este semen, cuando era eyaculado, era recogido en las manos de los sacerdotes oficiantes, que lo levantaban para que Yahvé (Jehová) lo aprobara y luego procedían a untarlo sobre sus cuerpos.

Mucho se insinuaba cuando el papa Pablo levantó los brazos y pronunció un sincero "¡Aleluya!".

Parte diez

Siempre es un error entablar una conversación con el diablo, pues, sea cual sea la forma en que lo haga, siempre insistirá en tener la última palabra.

André Gide.

Es de esperar que los posibles lectores de este libro, que quizá no estén familiarizados con la historia católica, hayan comprendido ya un hecho esencial: que el declive general de la Iglesia fue provocado por el concilio conocido como Vaticano II. Además, que el Concilio fue convocado por Juan XXIII, quien, al igual que varios de los prelados y muchos de menor rango bajo su ala papal, era miembro clandestino de sociedades secretas y, según la antigua normativa de la Iglesia, estaba excomulgado y, por lo tanto, inhabilitado para desempeñar cualquier función sacerdotal legítima. Los desastrosos resultados de que se les permitiera hacerlo, con la aprobación papal (ya que los dos papas que sucedieron a Pío XII, , formaban parte de la conspiración general, mientras que los recientes Juan Pablo I y Juan Pablo II son objeto de sospecha), son evidentes incluso para el observador más superficial. Tales resultados son el fruto del principal deseo de Pablo VI con respecto a la aplicación del Concilio Vaticano II, expresado en su última voluntad y testamento, y repetido más de una vez por Juan Pablo II: "Que se pongan en práctica sus prescripciones".

Esas prescripciones fueron definidas hace años en las políticas de Adam Weishaupt, Little Tiger, Nubius y otros (ya citados) para que sus discípulos entrenados se infiltraran y luego desgastaran la autoridad, las prácticas y la vida misma de la Iglesia. Esto lo han logrado, bajo el pretexto del progreso o la liberación.

Todos los aspectos de la Iglesia, tanto espirituales como materiales, han sido tomados, desde la Silla de Pedro, con su dignidad antaño regia, hasta un taburete en la iglesia parroquial más insignificante. Los pocos sacerdotes que se dieron cuenta de ello fueron relegados a un segundo plano o, si lograban hacerse oír, eran ridiculizados; y al observar la escena, con sus desórdenes, las exhibiciones de blasfemia y las aberraciones sexuales escenificadas en algunos de sus edificios más venerados, incluida la basílica de San Pedro, uno se ve tentado a pensar en una brigada de guardias, antaño muy disciplinada, transformada en una turba de hooligans gritones.

Se puede pasar de la obviedad de que las cosas pequeñas son cosas pequeñas a una comprensión más amplia de que los pequeños comienzos no son cosas pequeñas; y es precisamente trabajando sobre ese principio que los controladores modernos de la Iglesia lograron sus fines sin causar demasiada alarma entre la población en general.

Comenzaron relajando las disciplinas y las inhibiciones formales, como mantener el viernes como día sin carne. Luego desaparecieron ciertos símbolos, rituales y devociones. El antiguo lenguaje litúrgico latino prácticamente desapareció. El hábito de las monjas, que nunca había dejado de inspirar respeto incluso a los más irreligiosos, dejó de utilizarse, al igual que la sotana. Esta última fue sustituida en ocasiones por vaqueros, como demostraron dos novicios que, en Roma, subieron al altar para recibir la bendición de su padre general con un aspecto más propio de hippies que de futuros jesuitas. Una pequeña cruz, llevada en la solapa de la chaqueta, se convirtió rápidamente en el único signo que indicaba que quien la llevaba era sacerdote.

La antigua idea de la autoridad sacerdotal, ya fuera ejercida por un simple clérigo o por el Papa, quedó efectivamente destruida; y siempre había voces dispuestas a aplaudir cada vez que la Iglesia malgastaba tal o cual parte de su herencia. "El sacerdote ya no es hoy un ser especial", exclamaba exultante Yves Marsaudon, miembro del Consejo Supremo Masónico de

Francia. Un congreso de teólogos morales, celebrado en Padua, fue mucho más lejos: "La conciencia individual es la autoridad suprema del cristiano por encima del magisterio papal".

Se estaba aceptando de forma generalizada que algún día la Iglesia tradicional debía desaparecer o adaptarse. Se convertiría en una institución más, y el legado acumulado durante dos mil años sería desechado como algo sin valor.

Un rápido vistazo a las estadísticas disponibles de aquellos años muestra un descenso alarmante en todos los ámbitos de la vida eclesiástica. Las vocaciones, los bautismos, las conversiones y los matrimonios por la Iglesia se desplomaron. El único aumento se produjo en el número de personas que abandonaron la Iglesia.

Muchos preferían leer la liturgia de la misa en sus casas, los domingos y días de precepto, antes que ver en la iglesia cómo se parodiaban sus movimientos, antaño tan dignos, y cómo se degradaba su lenguaje histórico.

En Inglaterra, entre los años 1968 y 1974, se calcula que se alejaron de la Iglesia unos dos millones y medio de personas; y, si a eso se añade la venta de revistas católicas, la más popular de ellas, *The Universe*, tenía una tirada semanal media de casi trescientos doce mil ejemplares en 1963. Nueve años más tarde, esa cifra se había reducido a menos de ciento ochenta mil.

En Francia, con un 86% de la población oficialmente católica, el 10% asistía a misa, mientras que una cifra similar, entre 1971 y 1976, se aplicaba incluso a Roma. Durante el mismo período, en Sudamérica, considerada en su día uno de los huesos más duros de roer para los anticlericales y donde se consideraba que la población estaba sumida en la superstición, se calcula que veinticinco mil sacerdotes renunciaron a sus votos. Fuentes vaticanas informaron de que cada año se producían tres mil renuncias al sacerdocio, sin contar a aquellos que abandonaban sin molestarse en obtener la aprobación eclesiástica.

La parte católica de Holanda, donde la nueva enseñanza era primordial, se encontraba en una situación e a verdaderamente precaria. En 1970 no se presentó ni un solo candidato para ingresar en el sacerdocio y, en el plazo de doce meses, se cerraron todos los seminarios. En los Estados Unidos, país e , en los siete años anteriores a 1974, uno de cada cuatro seminarios cerró sus puertas.

El tráfico era en una sola dirección, ya que, aparte de la disminución registrada en la asistencia a la iglesia, una procesión regular de sacerdotes y monjas, animados por el espíritu de la nueva libertad, decidían que el matrimonio ofrecía una vida cotidiana más cómoda que la vida en la parroquia o en el convento. "Sacerdote rebelde, de cincuenta años, se casa con una chica de veinticinco", rezaba un titular típico del Daily *Express* del 9 de septiembre de 1973. La boda se celebró en una iglesia protestante, donde la asistencia se vio alegrada por la presencia de sacerdotes y monjas, todos ellos profesionalmente preparados para añadir sus bendiciones al confeti.

Muchos sacerdotes habían pasado de la fase de insinuaciones y ahora se declaraban abiertamente a favor del aborto. En cuanto al sacramento del matrimonio, a medida que más y más parejas se cansaban de encontrarse con la misma cara en el desayuno, la Iglesia descubrió que se había equivocado al declararlos marido y mujer. Las alegaciones de consanguinidad, no consumación o que ninguna de las partes había sido bautizada válidamente estaban a la orden del día, y la concesión de anulaciones se convirtió en un negocio bastante floreciente.

En 1972, pocos años después de que se iniciara la decadencia, el papa Pablo VI se ocupó personalmente de unos cuatro mil casos. Animados por ello, se produjo una auténtica avalancha de solicitudes. Muy pocos de los que buscaban la "libertad" fueron rechazados definitivamente, sino que se les aconsejó que lo volvieran a intentar o que volvieran más tarde. En Trenton, Nueva Jersey, el obispo Reiss estaba tan sobrecargado de trabajo que nombró a diecisiete sacerdotes adicionales para ayudarle (cito sus propias palabras) a "reforzar" el número de anulaciones.

2.

En marzo de 1981, el Vaticano tomó la medida, a juicio de muchos superflua, de reiterar su canon 2335, que establecía que cualquier católico que se uniera a una sociedad secreta sería excomulgado. Para el hombre de la calle, que no sabía que decenas de clérigos, algunos de los más altos cargos de la Iglesia, ya habían infringido esa ley, parecía una mera formalidad. Pero el Vaticano, basándose en la información recibida, sabía muy bien lo que hacía. Se estaba protegiendo, por adelantado, de los posibles efectos de un escándalo que estalló en mayo de ese mismo año.

El Gobierno del país, encabezado por los demócratas cristianos, estaba formado por una coalición que incluía a socialistas, socialdemócratas y republicanos. Pero los comunistas exigían ahora un lugar en la coalición, con fines políticos que no dejaban lugar a dudas sobre sus intenciones. "El problema —decían— es eliminar las instituciones democráticas, el aparato estatal y la vida económica de la estructura de poder demócrata-cristiana".

Pero sus esfuerzos fracasaron. Los demócratas cristianos se mantuvieron firmes. Así que sus enemigos recurrieron a un arma que ha demostrado ser tan letal en la guerra política como el asesinato. Provocaron un escándalo de gran alcance que, según esperaban, derribaría el orden gubernamental existente en Italia.

Se hizo creer, como parte de las repercusiones que, tras la desintegración del imperio financiero de Michele Sindona, habían sacudido el comienzo del verano de 1981, que habían salido a la luz las actividades de una peligrosa sociedad secreta muy extendida, conocida como Propaganda Due (P2). Pero en el confuso mundo de la política y las finanzas las cosas no son tan sencillas. Las personas que, cuando se ven obligadas a hacerlo, claman con más fuerza contra las maquinaciones, siempre han formado parte de la conspiración secreta. El hecho de que los fraudes salgan a la luz puede deberse a rencores personales, chantajes frustrados o la investigación de algún subordinado demasiado celoso: "¿por qué no se ha callado?". Y los oportunistas moralistas que, desde su elevada posición moral, pero con los bolsillos vacíos, no pueden hacer otra cosa que dar a conocer la estafa, tienen que enfadarse en privado.

La exposición de la P2 comenzó cuando la policía recibió una misteriosa llamada en la que se le aconsejaba que registrara la casa de Licio Gelli, un nombre prestigioso en las sociedades secretas, y que investigara su relación con el antiguo carretillero Michele Sindona.

La mera mención de Sindona hizo que los miembros implicados de la Curia pensaran en cómo evitar verse envueltos en el escándalo. De ahí su aparentemente innecesario recordatorio al mundo entero de que el canon 2335 seguía vigente. Mientras tanto, la policía había encontrado en la casa de Gelli una maleta que contenía los nombres de novecientos treinta y cinco miembros de la P2.

Entre ellos había muchos políticos destacados, incluidos tres ministros del Gobierno y tres subsecretarios; generales del ejército y jefes de la marina; importantes banqueros e industriales, jefes de los servicios secretos, diplomáticos, jueces y magistrados; funcionarios de Asuntos Exteriores, Defensa, Justicia, Hacienda y Tesorería; personalidades de la radio y la televisión, y el director general, editor y director del principal periódico italiano, *Corriere Della Sera*.

Muchos otros dimitieron, mientras que otros muchos cayeron como fichas de dominó cuando se publicaron las listas. A esto le siguió una caída aún mayor, ya que el Gobierno de Arnaldo Forlani fue barrido en su totalidad. Los acusadores y sus víctimas eran, por supuesto, todos miembros de la misma banda. Se trataba de una "disputa entre hermanos" con todas las de la ley. Se produjeron las habituales acusaciones y recriminaciones, que incluían todo tipo de delitos, incluso el asesinato. La falsificación de cuentas, el espionaje y el robo de documentos oficiales pasaron por considerarse cuestiones de menor importancia.

A pesar de todo, el Vaticano reaccionó con solo un leve sobresalto. Porque, aunque la Iglesia había perdido su aura de reverencia y su prestigio se había reducido a una sombra, seguía siendo inescrutable. El fantasma de su antiguo yo seguía siendo poderoso. Las armas fatales de la podían apuntar contra sus muros, pero no había ningún artillero que encendiera la mecha.

Fue un sabio cínico quien dijo: "En Italia, la religión es una máscara".

3.

Aunque ningún eclesiástico había sido nombrado en el escándalo, el estallido del caso Sindona llevó indirectamente a la Iglesia a revisar su actitud hacia las sociedades secretas. Según la creencia ortodoxa, esta cuestión había quedado zanjada por el citado canon 2335, que prohibía a cualquier católico, bajo pena de excomunión, afiliarse a una de ellas. Pero, a pesar de ello, debido a que muchos clérigos, incluidos miembros de la Curia, habían infringido esa ley, las negociaciones entre ambas partes, iniciadas en 1961, se prolongaron durante once años, con el cardenal Bea, secretario de Estado del Papa (cuyo nombre era tan dudoso como su nacionalidad), asistido por el cardenal Konig de Viena y monseñor J. de Toth, que propusieron una versión más flexible del punto de vista de la Iglesia.

Estas prolongadas conversaciones se centraron más en limar las diferencias del pasado que en formular una política futura. Pero lograron evitar el tema de los designios ocultos contra la Iglesia, que había motivado en parte la prohibición de esta última. Luego se celebraron nuevas conversaciones en Augsburgo en mayo de 1969, donde se examinaron las declaraciones papales que condenaban rotundamente a las sociedades; y hubo más aprensión en los círculos conservadores cuando se utilizaron términos ambiguos como "situar las bulas papales en su contexto histórico" y "eliminar las injusticias del pasado" para explicar el propósito de las asambleas.

El resultado de esta nueva relación justificó plenamente las dudas de quienes temían que la Iglesia estuviera cediendo terreno y volviendo sobre sus juicios, que se habían definido como definitivos; y que se estaba imponiendo el principio de una tendencia se hizo evidente en julio de ese mismo año, tras una reunión en el monasterio de Einsiedeln, en Suiza.

Allí, el profesor Schwarzbaver anticipó con confianza que no se haría ninguna referencia al lado oscuro de las sociedades secretas . Y así fue. En cambio, se anunció que las anteriores decisiones de Roma sobre la relación entre la Iglesia y las sociedades secretas no figuraban en bulas papales ni encíclicas, sino en el Derecho Canónico que, como sabían todos los clérigos "actualizados", estaba siendo revisado.

Esto suscitó serias dudas en los círculos ortodoxos. Se recordó que el Derecho Canónico se refiere a un cuerpo de leyes, autorizado por la Iglesia, y "vinculante para quienes están sujetos a él por el bautismo". ¿Podría significar esto que términos como "vinculante", "revisión" y "alteraciones" estaban a punto de ser sometidos a nuevas interpretaciones? Además, más de una bula papal había contenido sin duda una condena de las sociedades.

Las sociedades (y esto hay que repetirlo) no tenían intención de refutar su intención original de socavar la Iglesia. No tenían necesidad. Hasta entonces habían tenido éxito en su empeño. Sus propios hombres se habían infiltrado y habían tomado el control de la Iglesia a todos los niveles, hasta tal punto que la Iglesia parecía tener prisa por abandonar lo que quedaba de sus reivindicaciones originales, sus ritos históricos y su majestuosidad; y ahora las sociedades esperaban a que sus hombres elegidos, cardenales y otros, se presentaran ante el mundo, con el sombrero en la mano, y gritaran en voz alta sus errores de juicio del pasado.

Un paso definitivo en esta dirección vino del centro de España, antaño muy ortodoxo, donde el padre Ferrer Benimeli presentó la extraordinaria petición de que las bulas papales que condenaban a las sociedades ya no se consideraran válidas.

El cardenal König, en una reunión entre representantes eclesiásticos y seculares celebrada en el castillo de Lichtenau en 1970, se comprometió a que no se volverían a invocar las restricciones impuestas por el Derecho Canónico a las sociedades secretas en el pasado. A continuación se afirmó que el Derecho Canónico y las bulas papales habían estado muy bien en los siglos XII y XIII, pero que esos documentos tenían ahora un significado principalmente histórico y que su importancia no podía ser promulgada por una Iglesia que predicaba la doctrina más significativa del "amor fraternal", que, junto con la amistad y la moralidad, "constituía uno de los principios más excelentes de las sociedades".

Los críticos de estas tácticas de "acercamiento" vieron en ello una concesión al espíritu fraternal inspirado por las sociedades, y también un respaldo virtual al culto al hombre que el papa Pablo había predicado en Estados Unidos, y en el que había sido confirmado por los Maestros de la Sabiduría.

El resultado general de estos contactos, por parte de la Iglesia, fue sometido al examen de la Congregación para la Fe, y el resultado estaba decidido de antemano por las observaciones y reservas que lo acompañaban. No servía de nada mirar atrás a lo que la Iglesia había decidido anteriormente. La comparación mostraba que su actitud pasada era anticuada y pertenecía propiamente a una época en la que había enseñado que "no hay salvación fuera de la Iglesia".

Ese lema también había quedado obsoleto, y la prensa mundial, incluida la mayoría de los órganos católicos, se puso a trabajar con ahínco, como siempre hacía cuando se trataba de propagar opiniones que socavaban la tradición y reforzaban los designios de los miembros de sociedades secretas que llevaban mitras en el Vaticano.

Con el Santo Oficio haciendo todo lo posible por confirmar los cambios, el proceso de secularización cobró impulso a partir del otoño de 1974. Quedó claro que la prohibición de las sociedades secretas se había convertido en letra muerta y que su derogación suponía un alivio "para muchas personas de bien que se habían afiliado a ellas por motivos puramente profesionales o sociales". Ya no representaban un peligro para la Iglesia.

La consternación que esto provocó en algunos sectores fue resumida por el padre Pedro Arrupe, general de la Compañía de Jesús (jesuitas), que lo consideró una concesión al "naturalismo" organizado que, según él, había entrado en el territorio mismo de Dios y estaba influyendo en las mentes de los sacerdotes y religiosos. El naturalismo, al afirmar dogmáticamente que solo la naturaleza humana y la razón humana deben ser supremas en todas las cosas, era otro eco del culto al hombre.

El cambio de actitud de la Iglesia hacia las sociedades secretas se reflejó en este país en la figura de John Cannel Heenan, nombrado arzobispo de Westminster en 1963 y cardenal dos años más tarde. En consonancia con su esperanzada expectativa de que la prohibición de la Iglesia sobre las sociedades fuera pronto abolida, algunos de sus altos clérigos fueron autorizados a negociar con ellas. El cardenal fue informado entonces de que en las librerías católicas de su diócesis se vendía una publicación en la que se repetían las diferencias entre ambas partes.

Él expresó su preocupación: "Si, como sospecho, es engañosa, haré que se retire". Así lo hizo, y esa publicación, junto con todas las similares, desapareció.

Un investigador interesado que escribió al cardenal sobre el asunto recibió como respuesta la garantía de que el cardenal transmitía su bendición. El mismo investigador, al llamar a la librería de la Catholic Truth Society, cerca de la catedral de Westminster, fue informado de que no había habido ningún trato con el cardenal y que los folletos habían sido retirados "por falta de interés público".

La creciente convicción de que el canon 2335 no aparecería en ninguna edición revisada del derecho canónico, junto con el hecho de que los elementos ortodoxos estaban siendo maniobrados, como lo habían sido en el Concilio Vaticano II, llevó a la Iglesia y a las sociedades a expresar una relación más abierta. Por ejemplo, en marzo de 1976 se celebró un "desayuno de dedicación" en el Hotel Hilton de Nueva York, presidido por el cardenal Terence Cooke, secundado por el cardenal Kroll, de Filadelfia, y al que asistieron unos tres mil miembros de sociedades secretas. El cardenal Brandao Vilela, de San Salvador de Behia, representó a Brasil.

En su discurso, el cardenal Cooke se refirió a este "gozoso acontecimiento" como una nueva etapa en el " e camino hacia la amistad". Lamentó los "encuentros distantes del pasado" y expresó su esperanza de que su presencia allí significara que el nuevo entendimiento entre ambas partes nunca volvería a verse comprometido. Para los cardenales y los maestros, no se trataba tanto de un desayuno multitudinario como de una unión trascendental, lograda por adversarios que nunca antes se habían reunido (abiertamente).

El cardenal Kroll, como presidente de la Conferencia Episcopal de Estados Unidos, había sido contactado previamente por el cardenal Seper, prefecto de la Congregación para la Doctrina de la Fe, quien expresó los temores de quienes lamentaban los signos de cambios vitales en la Iglesia. Seper fue informado de que no se había realizado ningún cambio y que no había ninguno pendiente en el ámbito de la legislación central.

Sigue estando, y en todos los casos —dijo Kroll, en una declaración que incluso leer causa sorpresa—, prohibido a los clérigos, religiosos y miembros de institutos seculares pertenecer a una organización secreta... Quienes inscriban sus nombres en asociaciones de este tipo que conspiren contra la Iglesia o las autoridades civiles legítimas, incurrirán por este mismo hecho en excomunión, cuya absolución está reservada a la Santa Sede".

Es cierto que en aquel momento no había ningún complot activo contra la Iglesia. Las sociedades podían permitirse el lujo de relajarse y tomar aliento, no por un cambio decisivo de opinión, sino porque la primera fase del complot se había llevado a cabo con éxito. Dos de los elegidos por las sociedades, en la persona de Juan XXIII y Pablo VI, habían ocupado la Sede de Pedro. Otros de su misma clase, que habían recibido el capelo cardenalicio o la mitra episcopal, dominaban sus consejos. El siguiente paso en la conspiración contra la Iglesia se reservaba para el futuro, cuando las innovaciones en la doctrina y la práctica hubieran sido aceptadas por una generación que nunca había conocido lo que era responder a las manos guiadoras de papas como el ahora menospreciado Pío XII.

La retaguardia, como se puede llamar a los antiliberales, sacó todo el provecho posible del canon 2335 y del escándalo Sindona como ejemplo de los desastres generalizados provocados por el contacto con una sociedad secreta. Como parte de esta campaña, a mediados de 1981 se celebró una Conferencia Episcopal

Alemana en la que se subrayó, sin matices, que "la pertenencia simultánea a la Iglesia católica y a una sociedad secreta es imposible".[25]

A continuación, el Gobierno italiano aprobó un proyecto de ley para ilegalizar y disolver todas las sociedades secretas, y recordó a los católicos que la excomunión seguía siendo la pena impuesta por la Iglesia a quienes se unieran a ellas. Pero tanto las declaraciones alemanas como las italianas no eran más que cortinas de humo, y nadie lo reconocía mejor que las sociedades, que no se dejaron impresionar en lo más mínimo. Que el canon 2335, si es que aparecía en alguna edición revisada del derecho canónico, perdería su urgencia, había pasado de ser un rumor y una noticia de prensa a convertirse en un hecho inminente. Un prelado inglés, el cardenal Heenan, había dicho más que eso, e incluso había anticipado su abolición. Mientras tanto, un destacado funcionario de las sociedades en Roma, imperturbable, afirmaba que tenía información fidedigna de que el Derecho Canónico estaba siendo revisado, como de hecho lo estaba por una Comisión de Cardenales creada por Juan XXIII y continuada por Pablo VI.

El funcionario continuó diciendo que las diferencias aún aparentes entre la Iglesia y las sociedades formaban parte del conflicto en el Vaticano entre los tradicionalistas y los progresistas. "Esto bien podría haber sido así" —, y él bien podía permitirse restarle importancia a su último ataque contra nosotros.

Esa declaración, como todas las demás procedentes del mismo ámbito, ha resultado ser correcta. Porque ahora hay que aceptar, según una declaración de la Santa Sede, que "la Sagrada Congregación para la Doctrina de la Fe ha dictaminado que el canon 2335 ya no impide automáticamente a los católicos pertenecer a grupos masónicos".

---

[25] El texto completo se encuentra en *Amtsblatt des Ezzbistums*, Colonia, edición de junio de 1981.

4.

Probablemente fue por deseo del propio papa Pablo, desafiando una costumbre que formaba parte de la segunda naturaleza de los cristianos, y especialmente de los católicos, que, tras su muerte en 1978, no hubiera ningún crucifijo , ni siquiera el símbolo religioso más común, una cruz, en el catafalco cuando su cuerpo fue colocado para su veneración en la plaza de San Pedro.

¿Era un reconocimiento tácito de que su labor, en cumplimiento del consejo secreto que se le había encomendado desde que se convirtió en arzobispo de Milán, había sido bien hecha?

Parte XI

¡OH, VILLANO! Me has robado mi cargo y mi nombre.

Shakespeare.

Para quienes no están familiarizados con el poder y el alcance de las sociedades secretas, la personalidad del papa Pablo VI es un verdadero enigma. Ningún otro papa, ni siquiera en los tiempos más turbulentos, ha sido objeto de informes tan contradictorios; ningún otro papa ha sido tan aparentemente contradictorio.

Incluso una lectura superficial de su reinado deja una impresión de duda, ambigüedad y una forma patéticamente débil de evasivas que dista mucho de los pontificados asertivos del pasado.

¿Cómo se puede explicar que un Papa se lamente, como lo hizo Pablo, de que ya no se puede confiar en la Iglesia? Firmó los documentos que mantuvieron el rumbo del Concilio Vaticano II y prometió, casi en los primeros momentos de su reinado, consolidar y aplicar sus decisiones. Sin embargo, cambió de opinión incluso antes de que terminara la última sesión. Se habría creído que el Concilio traería días soleados para la historia de la Iglesia. Por el contrario, son días de tormenta, nubes y niebla. ¿Cómo ha podido suceder esto?

Y la respuesta que dio: "Creemos que ha habido la influencia de un poder hostil. Su nombre es el diablo", lo que nos lleva a preguntarnos si se trataba de una forma de confesión, de una autoacusación.

¿Estaba simplemente expresando lo que sabía que se había convertido en un hecho, o hablando como una víctima, un hombre desilusionado en manos de fuerzas que escapaban a su control?

Si comparamos sus juicios con los de casi todos sus predecesores, un Pío V, un León XIII, el contraste parece, como he dicho antes, bastante lamentable. Por citar solo dos ejemplos. En septiembre de 1972, se pronunció con dureza contra la sugerencia de que las mujeres pudieran desempeñar algún papel en el ministerio sacerdotal. Tal alejamiento de la costumbre era impensable. Sin embargo, su voz no fue decisiva, ya que solo tres semanas después el Vaticano distribuyó un comunicado a los periodistas anunciando que el Papa podría cambiar de opinión. La contradicción definitiva llegó el 29 de marzo de 1973, cuando la Associated Press informó: "El Papa Pablo VI ha dictaminado hoy que las mujeres, independientemente de que sean monjas, pueden distribuir la comunión en las iglesias católicas romanas".

El Papa ya había condenado en mayo de 1969 una nueva costumbre que se había introducido, según la cual la comunión se recibía en la mano. Sin embargo, más tarde retiró esa restricción, con la condición sin sentido de que el pan de la comunión pudiera recibirse así después de la instrucción adecuada.

Su debilidad, su cedimiento a la innovación en el ritual y la práctica, junto con la aceptación del marxismo revolucionario y los muchos rumores extraños que surgían de vez en cuando en el Vaticano, hicieron que muchas personas en más de una parte del mundo se preguntaran si realmente estaban presenciando la caída de Roma.

Se decía que la correspondencia del Papa, antes de llegar a sus manos, pasaba por las de Casaroli, Villot y Benelli, los cardenales que controlaban virtualmente el Vaticano. Los estadistas y eclesiásticos que realizaban visitas oficiales encontraban al papa Pablo tímido, casi vago, y más dispuesto a hacer comentarios y opiniones que a dar respuestas definitivas. Carecía de claridad; y a medida que la sorpresa daba paso a una sensación de inquietud, surgieron diversas teorías para explicar el aire de misterio que rodeaba la Sede de Pedro.

La más factible, que Pablo era un antipapa, un infiltrado comunista entrenado, podía apoyarse en su pasado conocido, su e e amistad con el anarquista Alinsky y otros de su misma calaña en Milán, y las herejías que había fomentado desde su llegada al poder.

Aquí se avanzarán otras explicaciones (no porque figuren entre las creencias del autor, que las considera extravagantes, algunas de ellas descabelladas), sino para dar a conocer lo que muchas personas inteligentes han llegado a pensar ante una situación similar a las de siglos pasados, cuando las fuerzas de San Miguel y Asmodeo se enfrentaron a orillas del Tíber.

Una teoría es que Pablo VI, un buen Papa en el sentido normal, cayó en manos de agentes de sociedades secretas (y aquí vuelven a aparecer los nombres de Villot, Casaroli y Benelli), que lo drogaron, le inyectaron veneno en las venas y lo dejaron incapaz de razonar, de modo que todo lo que pretendía estar sellado por el magisterio de la Iglesia procedía, en realidad, del triunvirato de cardenales.

Pero eso parecería quedar descartado por la adhesión de toda la vida de Montini al marxismo, lo que habría obviado la necesidad de que las sociedades secretas de orientación izquierdista ejercieran presión alguna sobre él.

Eso habría sido superfluo. Aunque hubo una declaración del Papa, cuando un dignatario le pidió que calmara la alarma generalizada, que podría haberse interpretado como indicativa:

"¿Creéis que el Papa está mal informado o sometido a presiones?".

Finalmente, las historias que llegaban de Roma sobre sacrilegios y abusos cometidos en la Iglesia, con la aprobación del Papa, se hicieron tan alarmantes que grupos de personas en Europa y América decidieron actuar.

Esto culminó cuando el Sr. Daniel Scallen, de la Marian Press de Georgetown, Ontario (Canadá), contrató a la agencia de detectives Pinkerton de Nueva York para investigar. En 1973, uno de los detectives de la agencia fue enviado a Roma y regresó con una historia que eclipsó todas las demás especulaciones, por sensacionales que fueran.

Había determinado que había dos papas viviendo en el Vaticano, Pablo VI y un impostor al que se había hecho parecer a Montini con ayuda de la cirugía plástica. Fueron necesarias varias operaciones de este tipo y, cuando se enviaron fotografías en color del falso papa a círculos interesados de Múnich, donde la impostura sigue siendo objeto de un estudio intensivo, se observaron ciertas diferencias notables entre los dos conjuntos de rasgos que no podían ser superadas.

A continuación se señalan las diferencias: Montini tenía los ojos azules claros, grandes, y como era hipermétrope solo necesitaba gafas para ver de cerca. El impostor tenía los ojos verdes, pequeños, y llevaba gafas con cristales gruesos en todas las ocasiones.

Las fotografías de Montini revelan un pequeño lunar, o marca de nacimiento, entre el ojo izquierdo y la oreja izquierda.

Esto no aparece en las fotografías del impostor, cuya ceja izquierda estaba más cerca del ojo que la de Montini.

Las diferencias entre la nariz y las orejas de ambos hombres se consideran decisivas. La nariz de Montini era romana y sobresalía ligeramente por encima de la boca. La nariz del impostor, en parte recta y en parte ganchuda, era corta, y quienes sometieron las fotografías a un examen profesional afirman haber detectado la inserción de una tira de plástico en la nariz para que pareciera más recta.

Pero son las diferencias en la forma y la estructura de las orejas las que presentan la mayor dificultad para quienes dudan de la existencia de un impostor. Estas diferencias son únicas, individuales y se tratan de la misma manera que las huellas dactilares en los tribunales. Cualquier comparación de los lóbulos y la estructura de las orejas, tal y como se aprecian en las fotografías, resulta bastante impresionante.

Pero los círculos interesados no se detuvieron ahí. Centraron su atención en la voz y solicitaron la ayuda de la empresa Kay Elemetrics, de Pine Brook (Nueva Jersey), y de la Ball Telephone Company. Su objetivo era analizar la voz (o las voces, si realmente había dos papas) cuando pronunciaban la tradicional bendición del Domingo de Pascua y del día de Navidad, con las palabras *Indulgentium Peccatorum*, pronunciadas desde el Vaticano en 1975.

En ambas ocasiones, el mensaje se transmitió por Roma y mucha gente lo grabó; y, según los sonogramas que se realizaron —y los sonogramas son más sensibles que el oído—, el hombre que había hablado en Pascua y de nuevo en Navidad no era el mismo.

Había habido dos oradores diferentes.

Cito aquí a quienes están cualificados para juzgar los sonogramas y resumen las diferencias: una voz tenía un tono mucho más grave que la otra, con un arrastre más pronunciado de las sílabas de las palabras.

Otra diferencia era que una voz tenía un rango de frecuencias mucho más bajo. Emitía un sonido más sibilante y era notablemente temblorosa.

Estos gráficos se enviaron al FBI para su examen, y se llegó a las mismas conclusiones . Los patrones de voz eran diferentes e indicaban que las cuerdas vocales, la boca y los labios eran únicos para cada individuo.

Las declaraciones posteriores que afirman que hubo un falso papa Pablo VI continúan diciendo que era un actor cuyas iniciales son P.A. R. y que fue él quien murió en Castelgandolfo el 6 de agosto de 1978. Un obispo alemán, que afirma tener pruebas de que Montini fue visto por última vez viviendo no en el Vaticano, sino en las afueras de Roma, espera hacer esto público en un libro que se publicará próximamente.

¿Podría esto indicar que el verdadero Pablo VI fue retenido en el Vaticano, o que fue secuestrado, tal vez asesinado? Un laico en busca de pruebas más concretas se desplazó a Brescia, donde vivían algunos familiares de Montini. Allí, una sobrina le informó de que eran perfectamente conscientes del engaño, pero que todos sus esfuerzos por darlo a conocer habían sido sofocados.

El investigador, que obviamente no tenía experiencia y estaba lleno de un celo cruzado por sacar las cosas a la luz, pronto se metió en problemas. Fue encarcelado durante cuatro años y posteriormente deportado de Italia.

Desde entonces, todos los esfuerzos por localizarlo han sido en vano.

Bueno, como parte de la confusión reinante en el bastión romano, eso es lo que han llegado a creer algunas personas nada desdeñables.

Parte XII

Ningún romano pudo decir jamás: "Anoche cené con los Borgia".

Maz Beerbohm.

Un sacerdote desilusionado que, sin embargo, sigue celebrando misa todos los días y cumpliendo con todos los deberes que exige una parroquia, se limitó a encogerse de hombros cuando le mencioné la posibilidad de que se estuvieran cometiendo crímenes en el Vaticano hoy en día.

"Bueno", dijo, "esas cosas siempre han pasado allí. ¿Por qué no iban a seguir pasando?".

No le inquietó en absoluto mi sugerencia. Un enemigo de Roma no podría haberse mostrado más indiferente, más resignado al uso del veneno y la soga, y a la aceptación del adulterio en las altas esferas.

Las dos dolencias, la malaria y la gota, figuran entre las causas de muerte de bastantes papas.

Pero a veces podían resumirse en una sola palabra, veneno, como en el caso de Gregorio V, que reinó entre 996 y 999. Lo mismo podría decirse de la muerte de Dámaso II, que, tras ser elegido el 17 de julio de 1048, vivió solo tres semanas.

Celestino II, antiguo discípulo de Abelardo, fue nombrado papa el 26 de septiembre de 1143 y murió en la segunda semana del mes de marzo siguiente. Hubo quienes sospecharon que había sido envenenado. En junio de 1517, el papa León X, de la familia

Medici, escapó por poco de un complot liderado por el cardenal Petrucci y otros cuatro príncipes de l a Iglesia para envenenarlo. León XI murió el 27 de abril de 1605, tras un reinado de solo veintisiete días. Según los biógrafos oficiales, su muerte fue causada por un repentino enfriamiento agravado por las preocupaciones del cargo. Pero hubo quienes lo vieron inclinarse sobre una copa envenenada.

Entre esos dos pontificados efímeros, el vicecanciller de la Iglesia romana, Rodrigo de Borgia, que iba a marcar el período y a su familia con una infamia poco común en cualquier época, ocupó el trono papal en 1492 con el nombre de Alejandro VI.

Además de varias amantes secundarias, ya había tomado como amante principal a una dama romana casada, Vanozza de Cataneis, que le dio tres hijos y una hija, todos los cuales vivían bajo el ala de su padre como miembros favorecidos de la corte; y desde el principio, aparte de los gestos y protestas que eran parte ineludible de su cargo, el motor de la vida de Alejandro se convirtió en el avance y la seguridad política de su familia.

El hijo mayor, Juan, duque de Gandía, rivalizaba con su padre en el número de relaciones ilícitas en las que figuraba. Su hermano, César, que no se quedaba atrás en este aspecto, añadiría su propio sello distintivo a los anales de los Borgia. Cuando solo tenía diecisiete años, Alejandro lo nombró cardenal, aunque César nunca fue más que subdiácono, y desde luego no sacerdote. Su padre se mostró igualmente complaciente cuando César, a pesar de ser príncipe de la Iglesia (pronto abandonó la farsa), quiso casarse. La dispensa necesaria no tardó en llegar.

El menor de los hijos de Alejandro, Jofre, se casó con una hija ilegítima de Alonso II de Nápoles.

Luego vino Lucrecia, quien, debido a su sexo y a la devoción religiosa que manifestaba en un entorno así, ha sido maltratada por los novelistas e historiadores del tipo hollywoodiense. Según la época, era lo suficientemente poco femenina como para ocuparse de la correspondencia oficial de su padre cuando este se encontraba fuera de Roma, y no sabemos nada definitivo que la desacredite.

Su primer matrimonio, con un príncipe de la casa Sforza, fue anulado por no haberse consumado. El segundo fue con otro e e de la prole ilegítima del rey napolitano, y el tercero con el duque Alfonso d'Este de Ferrara.

Lucrecia murió joven, pero no sin antes pasar por la extraña experiencia de saber que su segundo marido había sido estrangulado por su hermano César. Pero eso no fue lo más destacado de la carrera de César, ya que también se deshizo, de manera similar, de su propio hermano Juan. A continuación, centró su atención en los cardenales con dinero y utilizó sus manos hábiles, o el siempre conveniente veneno, para acabar con varios de ellos, entre los que se encontraban el cardenal Michele, sobrino del papa Pablo II, y el cardenal Orsini.

Pero eso no agotó en absoluto el Colegio Cardenalicio, ya que, aparte de César, otros cuatro miembros del clan Borgia lucían el capelo cardenalicio. Alejandro hizo la vista gorda ante las hazañas de César, aunque estaba sinceramente afligido por la pérdida de su primogénito, Juan.

Durante este tiempo, el diablo hizo sentir su presencia, a veces de forma visible, en Roma, y el pueblo no tenía ninguna duda de que los restos de la maldad estaban siendo agitados por los acontecimientos del Vaticano. Por ejemplo, en la víspera de Todos los Santos de 1501 se representó allí un ballet en el que las cincuenta bailarinas eran prostitutas recogidas en las calles de Roma.

Uno de los que llegaron a la conclusión de que los Borgia llevaban demasiado tiempo en el poder fue el cardenal Castellisi de Corneto. Así que invitó a padre e hijo a un banquete y preparó una mezcla de su propia cosecha que garantizaba librar a Roma de ambos.

Aceptaron la invitación, pero dio la casualidad de que Alejandro había decidido que Castellisi era un estorbo, y acudió provisto de un vino que había demostrado su eficacia en el pasado.

No eran tiempos de cócteles, pero los vinos se mezclaron de alguna manera mientras estaban sentados a la mesa, con el resultado de que Alejandro y César bebieron de su propia mezcla.

En medio de sus gemidos y retorcimientos, la fiesta se disolvió apresuradamente. César se recuperó, pero Alejandro murió, debidamente fortalecido por los sacramentos de la Iglesia.

Causa de la muerte: malaria.

Su Eminencia de Corneto probablemente se rió por lo bajo. César compensó en parte su vida malvada muriendo en combate. Lucrecia fue caricaturizada en una novela de Víctor Hugo, y su nombre fue dado al papel protagonista de una ópera de Donizetti. Un apologista de Alejandro no podría decir más que durante su reinado Groenlandia aceptó el Evangelio.

2.

Según una receta que se transmitió y llegó a manos de Garelli, médico del emperador Carlos VI de Habsburgo (1685-1740), los Borgia obtenían su veneno matando primero un cerdo, rociando sus órganos abdominales con ácido arsénico y esperando a que se descompusieran.

Esta materia contaminada, cuando se introducía en líquidos, se convertía en un veneno activo, mortal y, en la mayoría de los casos, casi instantáneo.

En la corte de Alejandro VI se tomaron grandes precauciones para evitar que esto se escribiera; y algunos de los otros métodos empleados para administrar el veneno eran realmente ingeniosos. Una persona que cortara fruta podía morir al tocar el filo de un cuchillo que hubiera estado en contacto con el preparado; mientras que el simple hecho de girar una llave para abrir una puerta o una caja podía provocar un pequeño rasguño en la piel a través del cual una gota mortal entraba imperceptiblemente en el torrente sanguíneo.

Otros toxicólogos afirman que existía otro veneno de los Borgia, una mezcla compleja que consistía en un polvo arenoso y blanquecino parecido al azúcar. Se conocía como canterella o cantoreli.

Parte XIII

¿Quién decidirá cuando los médicos no se ponen de acuerdo?

Alexander Pope.

La figura de Juan Pablo I, sucesor de Pablo VI, añade otra más, y una de las más profundas, a una situación ya de por sí repleta de problemas. Creado obispo por Juan XXIII y cardenal por Pablo VI (los papas que, entre ambos, crearon y llevaron a cabo la revolución), su ascenso al trono papal tras haber sido Albino Luciano, cardenal patriarca de Venecia, fue casi un rayo caído del cielo en el ámbito eclesiástico.

De origen humilde, creció en una familia en la que las opiniones, como es natural, estaban formadas y dominadas por las de su padre, un comprometido izquierdista; y tenía más de sesenta años cuando, el 26 de agosto de 1978, salió del cónclave en el que había sido elegido, con una rapidez sin precedentes, tras cuatro votaciones que solo duraron ocho horas y cuarenta y cinco minutos el primer día.

Un observador atento a la situación en el Vaticano podría haber notado que se estaba preparando el escenario para otro drama renacentista. Y tal acontecimiento se vislumbraba en los enigmas que presentaba este Papa (aparentemente) nada común.

En torno a él surgieron dos corrientes de pensamiento, en ninguna de las cuales se había escuchado hasta entonces su voz de forma definitiva. Una insistía en que estaba decidido a continuar los cambios iniciados por sus dos predecesores e es, que favorecía a los elementos modernistas o progresistas y sus reformas.

Esto se vio respaldado cuando rechazó el título de Sumo Pontífice y optó por ser investido en lugar de coronado. En la mesa que servía de altar durante su misa inaugural no había ningún crucifijo. La sencillez lo dominaba todo, y quienes se hacían eco de la ideología de Pablo VI pronto afirmaron que el nuevo Papa era "su hombre", sobre todo cuando se supo que se había opuesto a la enseñanza de la Iglesia que prohibía la anticoncepción.

Por otro lado, se decía que contemplaba la anulación de algunas de las innovaciones iniciadas por el Concilio Vaticano II; que deploraba el llamado movimiento "ascendente" que amenazaba a la Iglesia; y aquellos conservadores e es que buscaban un respaldo a su punto de vista se sintieron alentados cuando llegó el momento de nombrar nuevos obispos para las sedes vacantes y, más especialmente, uno para su antiguo patriarcado de Venecia.

En esto se le oponía el cardenal Baggio (conocido como Ceba por las sociedades secretas), cuyo candidato era un tal monseñor Ce, conocido por ser radical. Pero Juan Pablo II se negó a hacer el nombramiento, dando así apoyo a quienes deseaban creer que estaba en conflicto con la herejía.

Sin embargo, su satisfacción duró poco, como quedó patente en una ocasión en la que fue llamado para dirigirse a un grupo de alumnos y profesores. Les invitó a recitar el Ángelus, pero tan pronto como terminó el último "Ave María", comenzó a cantar las alabanzas de alguien a quien ensalzaba como "ejemplo clásico de abnegación y devoción a la educación".

No se trataba, como cabría esperar, de un santo, ni siquiera de un simple miembro de la Iglesia, sino de Giosue Carducci (1835-1907), que había sido profesor en la Universidad de Bolonia y cuyo nombre, como adorador confeso de Satanás, era muy respetado en los círculos ocultistas.

Su poema *Himno a Satanás*, en cuarenta estrofas, contenía versos como los siguientes:

"¡Gloria a ti, magnánimo rebelde!
Sobre tu frente se levantarán, como bosques de laureles,
los bosques de Aspromonte.
Bebo por el día feliz que verá el fin
De la eterna Roma.

A la libertad que, vengando el pensamiento humano,
derriba el falso trono del sucesor de Pedro;
¡Al polvo con coronas y guirnaldas!

¡Yace destrozado, Señor inicuo![26]

En piezas más breves, Carducci se disculpaba ante Satanás, o el espíritu del mal, al que llamaba Agramainio, por las mentiras y calumnias que se le acumulaban en la tierra. Las glorificaciones de lo oculto y la misa negra, y de Satanás como símbolo de la rebelión contra la Iglesia, antítesis de la religión, se mezclan con blasfemias. Se agradece a Satanás su bondad, mientras que en su *Oda a la ciudad de Ferrara*, Carducci maldice a la "cruel vieja loba del Vaticano".

Carducci se convirtió en el centro de un culto y sus seguidores le profesaban prácticamente la misma veneración que él le profesaba a Satanás. Se celebraban procesiones precedidas por una pancarta en la que se representaba a Satanás con todos sus atributos: cuernos, cola y pezuñas, y en las que se cantaba una parodia de la Letanía, que incluía la frase "Gloria in profundis Satanae". Los ocho últimos versos del himno de este "cantor de Satanás" pasaron a formar parte del repertorio de canciones que resonaban en las reuniones de las sociedades secretas italianas.

Sin embargo, la admiración del papa Juan Pablo II por este hombre, al que presentaba como ejemplo a seguir para los maestros y las nuevas generaciones, no era más que uno de los misterios relacionados con su reinado.

---

[26] Joseph Leti. *Charbonnerie et Maçonnerie dans le Réveil national italien.* Traducido por L. Lachet. (París. Ed. polyglotte, 1925.) Citado por Alec Mellor en *Our Separated Brethren.* (Harrap, 1964.)

2.

A lo largo de los siglos, Roma, insistiendo en su singular validez histórica, se había mantenido obstinadamente al margen de las negociaciones con otras Iglesias, protestantes u ortodoxas. Pero el Concilio Vaticano II había abierto las puertas para que los representantes de esas Iglesias intercambiaran opiniones y discutieran las posibilidades de unidad.

Uno de esos visitantes a Roma fue el metropolitano ruso monseñor Nikodim, arzobispo ortodoxo de Leningrado. Nacido en 1930 y convertido en el obispo más joven de cualquier credo en la cristiandad, tenía fama de mostrar un sesgo prosoviético y antioccidental. En 1961 encabezó una delegación de clérigos ortodoxos ante el Consejo Mundial de Iglesias. Fue galardonado con la medalla de la paz de las Naciones Unidas y se convirtió en jefe del Departamento de Relaciones Exteriores del Patriarcado de Moscú; y tras asistir a la investidura de Juan Pablo I, fue recibido en audiencia por el Papa el 5 de septiembre.

La reunión tuvo lugar en el estudio contiguo a la biblioteca privada del Papa, y las palabras iniciales, según informó probablemente el padre Arrupe, superior general de los jesuitas, o el cardenal liberal Willebrands (que actuó como anfitrión de Nikodim), fueron las siguientes: "Bienvenido, querido hermano", dijo el Papa, acercándose desde la gran mesa de roble en la que había estado trabajando, "tan cerca de nosotros y, sin embargo, tan lejos. ¿Qué descubriremos sobre nosotros mismos? ¿Cuándo seremos todos, católicos y ortodoxos, hijos de la misma Iglesia?".

Nikodim respondió con el mismo espíritu. "Ojalá sea durante su reinado cuando eso pueda suceder".

El Papa le pidió noticias sobre la situación de la religión en Rusia. "El padre Arrupe me dice que usted tiene mucha esperanza en el futuro de la Iglesia en su país".

Nikodim guardó silencio durante un rato. Quienes lo conocían podían imaginar cómo, al hacer una pausa para responder, sus ojos apenas se veían bajo las cejas pobladas. "Santísimo Padre, seré franco con usted", dijo al fin. "En Rusia piensan muy mal de mí. Dicen que colaboro con las autoridades del Estado y que les sirvo a ellas en lugar de a Dios. Sin embargo, soy un fiel servidor de Dios".

Esa breve confesión hizo que se le sonrojaran las mejillas. Respiraba rápidamente, presa de una violenta emoción.

Juan Pablo preguntó en voz baja: "¿Qué deseas que haga?".

Cuando pudo volver a hablar, Nikodim continuó: "Santísimo Padre, ¿cómo podemos trabajar juntos si Rusia sigue pensando que la Iglesia ortodoxa forma parte del sistema comunista? Un día me aplastarán" — , exclamó extendiendo los brazos, "y la Iglesia ortodoxa rusa llegará a su fin. Debéis llegar a un entendimiento y negociar con ellos tal y como os piden".

¿Era ese el objetivo de la visita de Nikodim? Nunca lo sabremos, ya que su estado físico era realmente alarmante. Tenía la mano apretada contra el costado izquierdo, como si, según se dijo más tarde (quizás el propio Juan Pablo II), quisiera arrancarse el corazón y arrojárselo a los pies del Papa. Intentó hablar, pero no pudo. Su boca se retorció y solo se le veían las cuñas de los ojos.

El Papa lo agarró y lo sostuvo en parte. "Piedad, está enfermo", exclamó a Willebrands, que aún estaba al alcance de la voz. "Rápido, Eminencia, llame al doctor Fontana", el médico privado del Papa.

El Papa dispuso todo lo que pudo para que Nikodim estuviera cómodo en el suelo del estudio. Luego abrió la ventana. Cuando llegó el médico, el ruso ya había fallecido.

Más tarde se supo que a Nikodim se le había denegado el permiso para entrar en Francia, cuando se dirigía a Roma, y que solo pudo hacerlo gracias a la intercesión de varios obispos franceses.

Entonces, como para justificar su oposición, el Ministerio de Asuntos Exteriores francés hizo saber que Nikodim era un agente acreditado de la policía secreta soviética.

3.

El jueves 28 de septiembre de 1978 había sido un día normal en el Vaticano.

El Papa, después de trabajar en su oficina, recibió en audiencia privada a algunos miembros de la jerarquía y, a continuación, a un grupo de prelados de Filipinas, a quienes, como representantes de la región más católica del sudeste asiático, dispensó una bienvenida especial.

Tras el almuerzo y la habitual siesta, hubo más asuntos que tratar y debates con varios cardenales. Las oraciones vespertinas en su capilla privada fueron seguidas de un saludo general a los miembros de su personal, tras lo cual se retiró a su dormitorio en el tercer piso del Palacio Apostólico.

El viernes amaneció como un típico día de finales de septiembre, con las hileras de ventanas del Palacio tomando forma en la luz grisácea y los primeros sonidos procedentes, no de los pájaros de los Jardines Vaticanos, sino de la pequeña habitación donde la hermana Vicenza, una monja que llevaba diez años al servicio de los papas, preparaba el café. Su puntualidad, sus movimientos y los detalles de su tarea tenían una precisión casi militar.

Eran las cinco en punto. A las diez en punto, colocaría la taza de café, siempre fuerte, en la sacristía contigua a la capilla donde el Papa se arrodillaba, en meditación, antes de decir misa a las cinco y media. Por eso se sorprendió cuando, al no oír ningún movimiento, fue a la sacristía y encontró que el café, medio frío en la taza, no había sido tocado.

Uno de los secretarios papales, Don Diego, se unió a ella; y cuando dieron las cinco y veinte, y el Papa aún no había aparecido, se dirigieron a la puerta de su dormitorio. Allí, el secretario llamó, más de una vez, y al no recibir respuesta, abrió la puerta.

El Papa yacía en la cama, completamente vestido y, evidentemente, muerto. Sobre la mesilla de noche había una lámpara aún encendida y un pequeño despertador barato que se había traído de Venecia. En el pasillo se veía una luz roja que provenía de un timbre eléctrico. Estaba colocada allí como alarma, para pedir ayuda, y su luz significaba que el Papa había dado la señal, quien, como Diego vio a simple vista, había muerto solo sin que nadie respondiera a su llamada. Solo había llevado el anillo del pescador durante treinta y tres días.

El otro secretario del Papa, el padre John Magee, fue el siguiente en llegar al lugar, y cuando se difundió la noticia, el cardenal Confaloniere, decano de la Congregación de Cardenales, que llegó junto al lecho, pronunció lo que posteriormente se aceptó como la versión oficial y definitiva de la tragedia.

La descripción resultante podría referirse al lecho de muerte de cualquier hombre excepcionalmente religioso. El Papa estaba en la cama, apoyado en almohadas, con la cabeza ligeramente girada hacia la derecha e inclinada hacia delante sobre el pecho. Tenía los ojos abiertos. La impresión predominante era de calma y serenidad, sin ningún indicio de dolor. Nada desmentía el apodo de "Papa sonriente" que se le había dado durante su breve estancia en Roma. En una mano sostenía unas hojas con notas para un discurso que tenía previsto pronunciar al día siguiente. En el suelo había un ejemplar de *La imitación de Cristo*, de Tomás de Kempis. [*El autor repite aquí la versión edulcorada proporcionada por el Vaticano y cuestionada por David Yallop en su libro In God's Name (En nombre de Dios)*].

En el pánico y el estupor que se apoderaron de los presentes, Don Diego, de quien se esperaba que se uniera a ellos, mantenía una conversación apresurada y agitada por teléfono. Más tarde se supo que había llamado al doctor Antonio da Ros, rogándole que acudiera inmediatamente al Vaticano para realizar un examen externo a Juan Pablo, a quien conocía y había tratado durante unos veinte años, un acto extraordinario para un secretario por iniciativa propia, rodeado de un grupo de prelados influyentes; y doblemente sorprendente, ya que el doctor da Ros no se encontraba en Roma, sino en Venecia.

La noticia se dio a conocer a través de Radio Vaticano a las siete y treinta y un minutos, y en la Radio Italiana el locutor de la mañana interrumpió la última acción terrorista de las Brigadas Rojas para decir: "Interrumpimos este programa para darles una grave noticia...".

El repique de campanas por toda la ciudad y el izamiento a media asta de la bandera amarilla y blanca de la Ciudad del Vaticano dieron la noticia; y lejos, en Cracovia, cuando la noticia llegó al antiguo edificio que albergaba la curia de la catedral, un hombre que estaba sentado desayunando se levantó de repente y se retiró a la capilla privada. Quienes lo vieron en ese momento recordaron cómo Karol Wojtyla, que así se llamaba, estaba mortalmente pálido y temblando, como si una misión de gran importancia, cuya trascendencia le había sido revelada por algún consejo secreto en un pasado no muy lejano, estuviera a punto de cumplirse.

Quienes lo vivieron no dudan en afirmar que, a partir de ese momento, se instaló en el Vaticano una atmósfera hasta entonces desconocida. Los hombres comenzaron a cuestionarse a sí mismos y a los demás. Se reunían pequeños grupos y hablaban sin animación. Estaban sometidos a una presión indefinible que ninguno de ellos podía eliminar. Gran parte de la conversación, en momentos normales, es muy alusiva, lo que lleva a buscar en la memoria clásica, histórica o literaria una razón o una respuesta.

Ahora esa impresión se acentuaba, como cuando los cardenales Poletti y Baggio se encontraron cara a cara, ambos conscientes de una pregunta y ambos igualmente nerviosos por temor a que el otro la resolviera. Uno de ellos se refugió en recordar las palabras de Antonio Fogazzaro, el escritor anticlerical.

"Eminencia —dijo uno—, usted se burla de cualquiera que se muerde la lengua. ¡Temed su silencio!". Un sacerdote menos experimentado se acercó para resumir la situación con un lenguaje más pintoresco. "Los armarios del Vaticano están llenos de esqueletos. Sus huesos están empezando a traquetear".

"¿Y qué si lo están?", dijo otro clérigo. "Fueron colocados allí durante las grandes herejías de la Edad Media e . Ahora esas herejías han vuelto".

Rumores, misterio, vergüenza, perplejidad... Fue casi un alivio cuando se oyeron movimientos en el pasillo que conducía al dormitorio del Papa. Los guardias suizos, antes de terminar sus cuatro horas de servicio, salían en fila y se levantaba una alta mampara provisional alrededor de la cama. Al mismo tiempo, se cerraban todas las salidas y entradas de esa parte del edificio.

Al poco tiempo llegaron el hermano y la hermana del Papa fallecido, Eduardo y Amelia Luciani, y una sobrina, Pia. Eran personas sencillas y humildes, que algunos en Roma considerarían hijos e hijas rudos de las montañas (procedían de los Dolomitas) y que, a pesar de su cercanía al Papa fallecido, no impresionaban a un cardenal como Villot, ahora a cargo de los asuntos del Vaticano y mundano en cierta medida, que ocultaba un carácter férreo bajo una cortesía francesa más que habitual.

Preocupados por la repentina e inesperada muerte de su hermano, se mostraron de acuerdo con la mayoría de los médicos en que se debía realizar una autopsia para aclarar el asunto y disipar cualquier duda.

El profesor Prati, consultor de la unidad de cardiología del hospital San Camillo, dijo que la autopsia no solo era deseable, sino necesaria. El profesor Alcona, jefe del departamento de neurología de la Policlínica de la Universidad Católica de Roma, dio su opinión más rotunda: era *deber* de la Santa Sede ordenar una autopsia. El mismo tema se renovó con más fuerza tras el funeral del Papa, cuando otro especialista, el profesor Fontana, dijo: "Si tuviera que certificar, en las mismas circunstancias, la muerte de un ciudadano común y sin importancia, simplemente me habría negado a permitir que fuera enterrado".

Muchas publicaciones insistieron igualmente en la necesidad de realizar una autopsia, entre ellas el grupo conservador Civilta *Cristiana,* bajo la dirección de Franco Antico, y el influyente *Corriere della Sera,* de Milán. Sus dudas se vieron respaldadas por las contradicciones entre los especialistas que examinaron el cuerpo del Papa. El doctor Buzzonetti, el primer médico en llegar al lugar, afirmó que el Papa había sufrido una trombosis coronaria aguda. Otro lo atribuyó al cáncer, mientras que un tercero afirmó que el Papa había sufrido un ataque apopléjico e e como consecuencia de un tumor cerebral. El doctor Rulli, del hospital San Camillo, dijo que se trataba de una hemorragia cerebral.

La hipótesis de un problema cardíaco fue descartada por Edouardo y Amelia Luciani, mientras que monseñor Senigallia afirmó que Juan Pablo II, siguiendo su consejo, se había sometido a un electrocardiograma de veinte minutos de duración, en el que no se había detectado ninguna irregularidad.

Los investigadores oficiales adoptaron entonces una nueva línea para salir de una situación embarazosa. Anunciaron de repente que el Papa había sido desde el principio una persona muy enferma, que había sido bautizado poco después de nacer, ya que no se esperaba que sobreviviera al día, que había estado ocho veces en el hospital, dos veces en un sanatorio y que había sido sometido a cuatro operaciones. Entre sus dolencias también se contaban apendicitis, problemas cardíacos y sinusitis, con hinchazón de manos y pies. Se le habían ennegrecido las uñas, había logrado sobrevivir con un solo pulmón y se hablaba incluso de una embolia o un coágulo de sangre.

Si este resumen de dolencias fuera cierto (y se le sometió al examen médico habitual antes del cónclave), no habría sido elegido. A las pocas horas, cuando pasó la conmoción inicial, se desató una auténtica campaña de sospechas, de la que solo Villot y algunos de sus colaboradores más cercanos se mantuvieron al margen. Se habló de una dosis más que medicinal de digital, de la rara maldad que se necesitaría para introducir veneno en el vino utilizado para la misa y de las formas discretas en que se podría ayudar a un hombre a morir.

Pero, aparte de estas hipótesis, con términos como asesinato, magnicidio y veneno empezando a oírse, había algunas preguntas sin respuesta que amenazaban, en palabras de un prelado, con sacudir los cimientos del Vaticano.

El primero en ver el rostro del Papa fallecido fue Don Diego, un secretario. Debió de ver algo que le alarmó o conmocionó profundamente, ya que corrió al teléfono para llamar al doctor Da Ros, un médico más íntimo de Juan Pablo II que cualquiera de los que formaban parte del equipo médico del Vaticano, aunque los catorce destacados especialistas que lo componían estaban fácilmente disponibles, mientras que Da Ros se encontraba a trescientos kilómetros de distancia.

Además, nunca se pidió a Don Diego que diera explicaciones sobre su actuación, o al menos no de forma que fuera objeto de ninguna investigación conocida. Y él, que normalmente era muy locuaz, se volvió reservado y nunca se le pudo sonsacar la razón por la que, con tantas amenazas sobre él, se apresuró a llamar por teléfono para hacer una llamada de larga distancia.

¿Qué había visto? ¿Había sido la expresión del rostro de Juan Pablo? Según el octogenario decano de la Congregación de Cardenales, Confalonieri, el difunto parecía sereno, tranquilo, apacible, con un ligero esbozo de sonrisa. Pero un joven clérigo que acababa de ser acreditado en el Vaticano y que se apresuraba con el entusiasmo y el ardor de un novato por familiarizarse con los asuntos de la Santa Sede, vio un rostro muy diferente al descrito oficialmente.

Estaba desfigurado por una expresión de sufrimiento pronunciada, mientras que la boca, en lugar de presagiar una sonrisa, estaba abierta de par en par. Esta última versión se confirmó cuando llegaron los embalsamadores, los cuatro hermanos Signoracci, del Instituto Médico.

Sus esfuerzos combinados y altamente experimentados, llevados a cabo durante dos horas solo en el rostro y con la ayuda de cosméticos, no pudieron superar, y mucho menos eliminar, la manifestación de horror que el Papa muerto llevaba a su tumba.

Pero el mayor obstáculo para una explicación satisfactoria era la luz roja del pasillo. Estaba controlada por un timbre eléctrico situado en la mesilla de noche del Papa y era una señal que significaba que estaba pidiendo ayuda. Esa señal se había dado sin duda. La luz roja se había encendido. Pero nadie había respondido. Ni ninguno de los guardias, ni ninguno de los empleados, secretarios, administrativos, enfermeras o chóferes que se encontraban en el anexo; ni ninguna de las siete monjas de la Orden de Marie-Enfant que, como responsables de la organización doméstica del Papa, se encontraban en la planta superior.

¿Qué estaban haciendo todos en ese momento? ¿Qué tarea más importante que el bienestar del Papa, incluso su seguridad, los había mantenido tan ocupados? La policía que patrullaba la plaza de San Pedro durante toda la noche debió de haber mirado instintivamente más de una vez las cortinas entreabiertas del dormitorio del Papa. El resplandor rojo podría haber aparecido entre ellas. Pero ¿era realmente observable durante toda la noche, o había sido manipulado para que solo fuera visible al amanecer?

No se hizo ninguna investigación en ese sentido. Esas preguntas quedaron sin respuesta. El Papa estaba muerto. Pero una autopsia, exigida por la mayoría de los médicos del Papa y sus familiares, y secundada por una prensa influyente, habría aclarado todas las dudas y determinado la causa de la muerte.

Pero aquí volvió a intervenir la imponente presencia de Villot. Declaró que una autopsia estaba fuera de cuestión, y su razón para decirlo dejó a los médicos más desconcertados que antes.

El cuerpo había sido encontrado a las cinco y media de la mañana. El tiempo, que normalmente es tan regular y metódico en el Vaticano, había dado entonces un sorprendente salto adelante. Los embalsamadores, con una prisa innecesaria y sin precedentes, habían sido llamados inmediatamente y habían terminado su trabajo a las nueve y media.

"¿Pero los intestinos?", preguntó uno de los médicos, que había decidido extraerlos y realizar pruebas para detectar restos de veneno. La respuesta de Villot fue de nuevo contundente: habían sido quemados.

Uno de los comentarios más destacados sobre el extraño suceso provino, sorprendentemente, de *L'Osservatore Romano*, que se preguntaba si la muerte de Juan Pablo II podría estar relacionada de alguna manera con la homilía que había pronunciado a favor del satanista y adorador del diablo Carducci. Pero solo los católicos de Alemania pudieron leerlo, ya que fue eliminado de todos los ejemplares del periódico que se distribuyeron en otros lugares. Se intentó incluso suprimir la edición alemana, pero ya era demasiado tarde.

Una conferencia de prensa poco impresionante, a la que Villot no pudo oponerse, aunque su evidente descontento e o casi tuvo el efecto de una prohibición positiva (especialmente cuando uno de los presentes expresó el pesar generalizado por no haberse realizado una autopsia), no dio ningún resultado. Villot remitió a los detractores al veredicto final del padre Romeo Panciroli, que, tras realizar todas las comprobaciones posibles en el cuerpo, que estaba muy maltratado y destripado, se mostró "satisfecho de informar de que todo estaba en orden".

Mientras tanto, un médico, Gerin, que rechazaba la posibilidad de que la muerte del Papa hubiera sido natural, pronunció abiertamente la palabra "veneno"; y un obispo (hay que respetar su deseo de permanecer en el anonimato) decidió triunfar donde habían fracasado médicos, profesores y periodistas. Penetraría en el velo del silencio y el secreto y establecería la verdad, fuera cual fuera su importancia o lo que pudiera implicar.

Trabajó duro y durante mucho tiempo; entrevistó a innumerables personas; indagó en todos los departamentos, subió escaleras y atravesó pasadizos tortuosos en el Vaticano. Luego, durante un tiempo, desapareció de la escena; y quienes lo han visto desde entonces lo han encontrado no solo cambiado, como puede suceder después de unos meses, sino en todos los sentidos un hombre completamente diferente.

Los romanos endurecidos y realistas, que no esperaban otra cosa, se limitaron a encogerse de hombros. La cúpula de San Pedro no es una cáscara de huevo que se pueda romper. No era más que otro tonto que había roto su propio corazón contra ella.

El cardenal Villot, consciente de la creciente inquietud en la Iglesia, prometió hacer una declaración sobre los recientes acontecimientos en el Vaticano antes de la convocatoria del próximo cónclave. Nunca lo hizo, pero siguió siendo un hombre misterioso hasta el final, sin dejar ninguna prueba de cuánto sabía (había suficientes sospechas para compensar la falta de certeza) ni de cuánta responsabilidad tenía. La causa de la muerte de Villot, el 9 de marzo de 1979, provocó la misma confusión elemental que rodeó el fallecimiento de Juan Pablo I. Según un primer comunicado, el cardenal había muerto de bronconeumonía. Un segundo veredicto apuntó a problemas renales; un tercero, a hepatitis; mientras que otro atribuyó la causa a una hemorragia interna.

Parece que los especialistas católicos de primer nivel, cuando son llamados al lecho de sus pacientes más eminentes, se revelan como diagnosticadores muy indiferentes.

4.

Llovía. Desde sus lugares en la columnata sobre la plaza, Simón Pedro y sus compañeros santos contemplaban un bosque de paraguas. El Papa fallecido, vestido con vestiduras rojas, blancas y doradas, y con una mitra dorada en la cabeza, había sido trasladado desde la Sala Clementina del Palacio Apostólico hasta la plaza, donde, en un sencillo ataúd de ciprés, yacía sobre una manta roja con flecos de armiño, para la celebración de una misa al aire libre. La llama de una sola vela alta, colocada cerca del ataúd, titilaba aquí y allá con el viento y la llovizna, pero nunca hasta el punto de apagarse. Un monseñor, con la mente agobiada por una certeza cada vez mayor, miró a su alrededor, a las cabezas envueltas en mantones y los rostros pálidos, y pensó en la terrible sospecha que temblaba en los labios de todos.

"Es demasiado", fue todo lo que pudo murmurarse a sí mismo. "Es demasiado".

Un frío atardecer de octubre, atravesado por pequeños puntos de luz procedentes de la ciudad, estaba llegando a su fin cuando el cortejo fúnebre entró en la basílica, donde, en la cripta, las generaciones futuras vendrán a contemplar una tumba con la sencilla inscripción JOHANNES PAULUS 1. Y algunos, a pesar del paso del tiempo, se preguntarán.

Parte catorce

> La creencia en la inocencia de los gobernantes depende de la ignorancia de los gobernados.
>
> Hugh Ross Williamson.

El mundo católico en general apenas se había recuperado de la conmoción causada por la muerte repentina e inesperada de Juan Pablo II cuando otro acontecimiento desvió su atención de la *sedis vacantia* (vacante de la Sede Apostólica) hacia la nube de humo blanco que, el 16 de octubre de 1978, salió de la pequeña chimenea inclinada de la Capilla Sixtina, y hacia el anuncio que le siguió: "Tenemos un nuevo Papa".

El entusiasmo fue mayor de lo habitual, y algunos de los observadores más experimentados señalaron que gran parte de él provenía de los mismos sectores que habían aclamado a Juan XXIII, de aquellos que habían acogido los cambios (o desastres, según muchos) que se derivaron de su pontificado como señales largamente esperadas y bienvenidas de que la Iglesia se estaba liberando de sus arcaicos grilletes de hierro.

El nuevo pontífice era Karol Wojtyla, que recibió una acogida casi heroica por ser polaco, procedente del otro lado del Telón de Acero, donde la religión, especialmente la cristiana, había tenido que pasar por un calvario y donde ahora, aunque la época de golpes y burlas se había suavizado un poco, seguía siendo objeto de una aceptación principalmente cautelosa y restringida. Wojtyla fue, por cierto, el primer papa no italiano elegido desde 1522.

Un veterano periodista estadounidense que tenía el nombre nada inapropiado de Avro Manhattan, que conocía el Vaticano más íntimamente que la Casa Blanca y que era un gran conocedor de las tergiversaciones rusas, había escrito anteriormente: "La proporción de cardenales radicales y de futuros miembros del Colegio Sagrado, cuyas inclinaciones políticas van del rosa claro al rojo escarlata, ha ido aumentando y seguirá haciéndolo. El resultado inevitable será que, gracias al mayor número de clérigos de izquierda, la elección de un Papa rojo es cada vez más probable".[27]

¿Había llegado ese pontífice en la persona de Karol Wojtyla?

En vista de las tensas relaciones entre los países occidentales y los que se encontraban tras el Telón de Acero, la política oficialmente irreligiosa de estos últimos y la aparición de Juan Pablo II como nuevo Papa elegido, se plantearon una serie de preguntas que exigían una respuesta. Su formación y desarrollo ortodoxos, su ordenación sacerdotal y su ascenso a arzobispo y luego a cardenal habían transcurrido con normalidad.

Muchos cientos de sus correligionarios en Polonia durante los treinta años de dominio comunista habían sufrido persecuciones leves o graves, muchos fueron encarcelados y algunos ejecutados. Sin embargo, no hay indicios de que Wojtyla haya sufrido más que las pruebas habituales que deben soportar los disidentes conocidos. No había sido objeto de ninguna protesta sostenida o amenazante, y su relación con las autoridades marxistas había sido la misma que la de cualquier ciudadano corriente que profesaba abiertamente su fe.

A lo largo de todo ese tiempo, como prelado, debió de verse obligado a dar consejos no solo religiosos, sino también sociales e incluso económicos a sus correligionarios, consejos que en ocasiones debieron de entrar en conflicto con el código gubernamental. Sin embargo, nunca fue silenciado y fue tolerado, e incluso privilegiado, por las autoridades, mientras que

---

[27] *La alianza entre el Vaticano y Moscú*, 1977.

su superior religioso, el cardenal Wyszynski, entonces primado de Polonia, vivía bajo una presión constante.

Un ejemplo de ello fue la concesión del permiso para salir del país. Cuando se convocó el Sínodo de los Obispos en Roma, ambos cardenales solicitaron visados de salida. El primado se encontró con una negativa rotunda, pero a Wojtyla se le concedió el permiso como algo natural.

Experimentó el mismo favor cuando se trató de asistir al cónclave en el que fue elegido, y aquellos que se habían sentido consternados ante la perspectiva de un Papa de origen soviético pronto sintieron que estaban en lo cierto.

Pierre Bourgreignon, en un artículo publicado en *Didasco*, una publicación francesa que apareció en Bruselas en abril de 1979, dijo: "Nadie capaz de pensar con coherencia creerá fácilmente que un cardenal procedente de detrás del Telón de Acero pueda ser otra cosa que un infiltrado comunista".

Una duda similar se expresó en *The War is Now*, una publicación australiana editada en nombre de la tradición católica. Si Wojtyla es un verdadero católico polaco, se preguntaba, "¿por qué cardenales sensatos, prudentes y preocupados por el bienestar de la Iglesia elegirían a un hombre que es un blanco fácil, cuya familia y pueblo siguen bajo la amenaza de las armas, una nación entera de rehenes o mártires en potencia?".

El abate de Nantes, líder de la Contrarreforma católica del siglo XX, fue más tajante: "Tenemos un papa comunista".

Anteriormente se reconocía que, cuando estaban en Polonia, existían diferencias entre los dos cardenales. Wyszynski nunca cedió ni un ápice ante los gobernantes de su país.

Wojtyla estaba totalmente a favor de llegar a un acuerdo y continuar el "diálogo" con ellos, siguiendo la línea establecida por Pablo VI; y lo que era más notable, Wojtyla, además de no condenar nunca el marxismo ateo, se interponía en el camino de aquellos que deseaban adoptar una actitud más militante hacia él.

Alguien había observado que durante el cónclave en la Capilla Sixtina, en el que fue elegido, la solemnidad del momento y el hecho de estar presidido por los gigantescos frescos del Juicio Final de Miguel Ángel no impidieron que Wojtyla leyera un libro que había considerado oportuno llevar consigo para instruirse — ¿o para aliviar un poco la gravedad de elegir al Vicario de Cristo?—. Se trataba de un libro de principios marxistas.

Quienes lo miraban con recelo no se sintieron tranquilos cuando rechazó el ritual de coronación y optó por ser "instalado", y cuando dejó claro que descansaba mejor en una silla normal que en el trono papal. ¿Acaso las prácticas de la Iglesia iban a sufrir una nueva reducción tras las que ya se habían producido a raíz del Concilio? Sus temores aumentaron cuando dejó de lado el manto de autoritarismo con el que hasta entonces se había revestido la Iglesia, de la que ahora era el jefe. Y cualquier duda que pudiera quedar se desvaneció cuando, en su discurso inaugural, se comprometió a cumplir la última voluntad y el testamento de Pablo VI, adhiriéndose a las directrices del papa Juan sobre la colegialidad y la liturgia de la Nueva Misa, y eso, cabe señalar, a pesar de que debía ser consciente de todas las obscenidades que le siguieron.

Al hacer ese anuncio, Wojtyla se situó junto a un altar improvisado que, al igual que el féretro de Pablo VI, carecía de cualquier signo religioso en forma de crucifijo o cruz.

Pronto se produjeron otros indicios de lo que cabía esperar del nuevo Papa. En su primera encíclica, elogió a Pablo VI por haber revelado "el verdadero rostro de la Iglesia". Habló en términos similares del Concilio Vaticano II, que había dado "mayor visibilidad al sacrificio eucarístico", y se comprometió a seguir y promover la renovación de la Iglesia "según el espíritu del Concilio".

Una declaración posterior se refirió a ese Concilio como "el mayor acontecimiento eclesiástico de e e nuestro siglo", y ahora quedaba por asegurar la aceptación del cumplimiento del Vaticano II de acuerdo con su contenido auténtico. Al hacerlo, nos guiamos por la fe... Creemos que Cristo, por medio del Espíritu Santo, estaba con los Padres conciliares, que la Iglesia contiene, dentro de su magisterio, lo que "el Espíritu dice a la Iglesia, diciéndolo al mismo tiempo en armonía con la tradición y según las exigencias planteadas por *los signos de los tiempos"* (el énfasis es mío).

Su observación sobre la armonía con la tradición se contradecía rotundamente con su admisión de que "la liturgia de la misa es diferente de la que se conocía antes del Concilio. Pero" (añadió significativamente) "no pretendemos hablar de esas diferencias". Era e e renovar la Iglesia, en su estructura y función, para adaptarla a las necesidades del mundo contemporáneo; y a partir de esa admisión, Wojtyla solo necesitaba dar un paso para enfatizar los principios revolucionarios de 1789, con la glorificación del hombre, el hombre liberado, como un ser que se basta a sí mismo. El hombre era el único ídolo digno de la reverencia de los habitantes de la tierra, y su estatura quedaba confirmada y clasificada en los Derechos del Hombre.

Esa creencia terrenal, algo confusa, ha sido la inspiración de todos los movimientos de izquierda desde entonces. Con un fino desprecio por la autoridad de la ley, se proclamó en Estados Unidos que "la libertad es el fundamento mismo del orden político". Hace unos años, François Mitterrand, el comunista que ahora es presidente de la República Francesa, dijo que "el hombre es el futuro del hombre". Correspondió entonces a Karol Wojtyla, como Juan Pablo II, consagrar esa creencia en un marco religioso moderno al declarar que "el hombre es la cuestión principal de la Iglesia", un anuncio papal que está en perfecta consonancia con el principio marxista de que "el hombre es un fin en sí mismo y la explicación de todas las cosas".

A continuación, el Papa pasó de la aprobación verbal a una aprobación más activa del sistema político del que había surgido. Hablando de la Iglesia en Polonia, dijo que su relación con el comunismo podía ser uno de los elementos del orden ético e internacional en Europa y en el mundo moderno. Mantuvo una relación amistosa con los ocupantes rojos de su país y consideró posible entablar una *distensión* espiritual con ellos. Para promoverla, el ministro comunista Jablonski, acompañado de una comitiva de camaradas tan numerosa como la de cualquier potentado oriental, fue recibido en el Vaticano. Luego vino el ministro soviético Gromyko, a quien se le concedió más tiempo del previsto con Su Santidad.

Saludó a los guerrilleros entre sus combates por la "libertad" en África y Nicaragua. Les brindó su apoyo moral. Abrió las puertas de su estudio al mexicano José Álvarez, que viajó por toda Sudamérica instando a los extremistas a encender las llamas de la anarquía. Ni siquiera los íntimos del Papa sabían lo que pasaba entre ellos. Fue el orador estrella en un Congreso Latino o Americano en la ciudad de Panamá, donde el tema ciertamente no era religioso, ya que los organizadores eran el dictador comunista, el general Torrijos, y el marxista Sergio Méndez Aréa, de Cuernavaca.

Al dirigirse a un grupo de refugiados de Vietnam, Laos y Camboya, la actitud tibia del Papa fue comentada por Robert Serrou, corresponsal de *Paris Match*. El Papa, como era de esperar, se había compadecido de su audiencia, pero ¿por qué, se preguntaba Serrou, no había mencionado ni siquiera el terror rojo del que habían escapado?

En vista de esa falta de condena de la tiranía, es notable que una de las pocas críticas pronunciadas por Juan Pablo II se haya dirigido contra aquellos católicos que deploran la gradual desintegración de la Iglesia desde el Concilio Vaticano II: "Aquellos que permanecen apegados a aspectos incidentales de la Iglesia que eran más válidos en el pasado, pero que ahora han sido superados, no pueden ser considerados fieles".

Su ortodoxia, en lo que se refiere a la enseñanza del catolicismo y su relación con otras religiones, también ha sido puesta en tela de juicio. Es un lugar común, pero no un menosprecio del islam, señalar que la tradición fatalista árabe, con su negación de la divinidad de Cristo y de la redención, está muy lejos de los fundamentos de la fe cristiana. Sin embargo, el Papa dijo a una audiencia de musulmanes que su Corán y la Biblia están en sintonía. Y, en un tono más informal, ¿estaba complaciendo el espíritu mecánico de la época cuando dijo a un grupo de automovilistas que cuidaran sus coches como cuidan sus almas? ¿O fue un lapsus que la importancia que concedió a los coches fuera mayor que la de las almas?

Una de las cartas del Papa, fechada el 15 de septiembre de 1981, sobre el tema de la propiedad privada y el capitalis a, muestra una marcada contradicción y una desviación de la enseñanza de la Iglesia. En ella dice: "La tradición cristiana nunca ha defendido el derecho a la propiedad privada como absoluto e intocable. Al contrario, siempre ha entendido que el derecho a utilizar los bienes de toda la creación es común a todos".

[28]Esto es tan flagrantemente falso y tan contrario a lo que han dicho todos los papas, desde León XIII hasta Pío XII, que uno se siente tentado a dar la razón a los críticos transatlánticos del catolicismo, que llaman sin rodeos mentiroso a Karol Wojtyla y añaden la exhortación: "¡Rompe con nosotros, Charlie!".

Porque aquí cito a León XIII: "Los socialistas se esfuerzan por destruir la propiedad privada y sostienen que los bienes individuales deben pasar a ser propiedad común de todos, administrada por el Estado o por organismos municipales... Es injusto, porque privaría al legítimo poseedor, introduciría al Estado en un ámbito que no le corresponde y causaría una completa confusión en la comunidad".

León XIII continuaba diciendo que el hombre trabaja para obtener bienes y para conservarlos como posesión privada. "Porque todo hombre tiene por naturaleza el derecho a poseer bienes propios. Esta es una de las diferencias que distinguen al hombre de los animales... La autoridad de la ley divina añade su sanción, prohibiéndonos con la mayor severidad incluso desear lo que es ajeno".

De Pío XI: "La función principal de la propiedad privada es que los individuos puedan satisfacer sus propias necesidades y las de sus familias".

Y de Pío XII: "La Iglesia aspira a que la propiedad privada se convierta, de acuerdo con los designios de la sabiduría divina y con las leyes de la naturaleza, en un elemento del sistema social,

---

[28] Los editores de Veritas, un boletín ortodoxo. Louisville, Kentucky, EE. UU.

un incentivo necesario para la iniciativa humana y un estímulo para la naturaleza; todo ello en beneficio de los fines temporales y espirituales de la vida y, por consiguiente, en beneficio de la libertad y la dignidad del hombre".

Y aún del mismo Papa: "Solo la propiedad privada puede proporcionar al cabeza de familia la libertad sana que necesita para cumplir con los deberes que le ha asignado el Creador para el bienestar físico, espiritual y religioso de su familia".

Junto a estas proclamaciones, la Iglesia ha lanzado advertencias contra el liberalismo, que desemboca en el capitalismo, y contra el marxismo, que predica la abolición de la propiedad privada.

Por lo tanto, la declaración de Juan Pablo II puede considerarse extraordinaria en comparación con muchas de las realizadas por sus predecesores.

2.

Durante sus primeros años en Cracovia, tanto como estudiante como joven sacerdote, Wojtyla adquirió una afición por el teatro que nunca le abandonó. Comenzó cuando se unió a un grupo de teatro escolar y, más tarde, durante la guerra, cuando Polonia estaba ocupada, a lo que a menudo se denomina "teatro clandestino", lo que significa que los ensayos y las representaciones tenían lugar en una habitación, a veces en la cocina de un apartamento, en secreto y a la luz de las velas.

"Fue por aquella época", dice uno de sus biógrafos,[29] , "cuando se enamoró de una joven", y desde entonces ella le siguió como una sombra, a través de rumores, artículos de prensa y conversaciones de exiliados polacos a ambos lados del Atlántico.

A veces los detalles diferían. La versión más inverosímil, que probablemente se difundió para despertar la simpatía, era que ella trabajaba contra los alemanes, había sido descubierta y fusilada. Otra sitúa en 1940 el momento álgido de su relación. Según Blazynski, nacido en Polonia, el futuro Papa era muy popular entre las chicas y "tenía una novia estable".

Su amor por el entretenimiento se extendía al cine y a espectáculos superficiales y pseudorreligiosos como *Jesucristo Superstar*. Tras una representación de esta última obra, habló durante veinte minutos al público sobre el tema del amor y la alegría. Animó a los adolescentes a gritar y rasguear sin sentido las guitarras que, en nombre de los acompañamientos populares, hacen insoportables para muchos las misas " " de hoy en día. Con

---

[29] George Blazynski en Juan Pablo II (Weidenfeld y Nicolson, 1979). Algunos de los incidentes aquí relatados están tomados de ese libro.

el mismo espíritu, invitó al e e evangelista estadounidense Billy Graham a predicar uno de sus encendidos sermones en la iglesia de Santa Ana, en Cracovia.

Uno de los temas tratados por el círculo en el que se movía era un libro del escritor Zegadlowicz, que había sido mal visto por la Iglesia debido a su obsesión por el sexo; mientras que uno de los primeros escritos de Wojtyla (traducido por Boleslaw Taborski y citado por Blazynski) contiene frases como "El amor arrastra a las personas como un absoluto... A veces la existencia humana parece demasiado corta para el amor".

El mismo tema aparece en el libro de Wojtyla *Amor y responsabilidad*, de 1960, que, según Blazynski, "no ignora la realidad corporal del hombre y la mujer, y entra en considerable detalle al describir tanto la fisiología como la psicología del sexo (esta última a menudo con una gran perspicacia que podría parecer sorprendente en alguien que, al fin y al cabo, es un clérigo célibe".

Incluso cuando Wojtyla se convirtió en Papa, el fantasma de la misteriosa mujer que había acechado sus días de estudiante no desapareció. Hay quienes, entre los exiliados polacos, afirman haberla conocido, y uno de los rumores más descarados que se difunden es que se llamaba Edwige.

Pero sea como fuere, ni siquiera los defensores de Wojtyla pueden negar que ha mostrado más interés por la sexualidad humana que cualquier otro Papa desde la Edad Media. Muchos de los oyentes de un discurso que pronunció en Roma se sintieron bastante avergonzados cuando se lanzó a dar detalles sobre la lujuria y la desnudez del cuerpo.

Algunas de sus propias declaraciones han dado a los publicistas un amplio margen para exagerarlas.

"Jóvenes de Francia", exclamó ante un público poco maduro en París, "la unión corporal ha sido siempre el lenguaje más fuerte que dos personas pueden expresarse". Esas palabras han sido calificadas como algunas de las más estupefacientes jamás pronunciadas por un Papa.

Durante su visita a Kisingani, en Zaire (África), un corresponsal de *Newsweek* sacudió la cabeza con tristeza ante la forma en que el jefe de la Iglesia romana prescindía de las formalidades. En un ambiente húmedo y caluroso, casi nada más bajar del avión, se le vio "sonriendo, sudando, balanceándose y bailando con unas bailarinas". Ha sido fotografiado observando a un grupo de adolescentes e , vestidas con trajes de una sola pieza que les llegaban muy por encima de las rodillas, realizar una serie de bailes acrobáticos. Recientemente ha aparecido otra fotografía en la que, en Castelgandolfo, observa a una joven bailarina realizar piruetas delante de él, con la cabeza y el rostro casi ocultos por un torbellino de ropa interior blanca.

Una obra escrita por Wojtyla, *La joyería*, se representó en el Teatro Westminster en mayo de 1982. Se dice que estaba escrita en prosa pomposa, y el productor esperaba que la obra "atraiga al público en general", además de a los fieles.

Su esperanza bien podría hacerse realidad, ya que la obra, según *The Daily Telegraph* (28 de abril de 1982), "aborda el improbable tema de la prostitución".[30]

---

[30] Los críticos teatrales ingleses no aclamaron precisamente los esfuerzos del Papa como dramaturgo. Editor.

3.

No es necesario que Juan Pablo II entre en profundidad en las diferencias que surgieron en la Iglesia a raíz del Concilio Vaticano II. Se ha dicho que está caminando con una rosa en la mano, es decir, hasta que se consoliden los primeros logros alcanzados por Juan XXIII y Pablo VI. La orgullosa afirmación de la Iglesia única y verdadera se ha reducido a un reconocimiento sin fuerza de "estos días ecuménicos". La reivindicación de la autoridad papal, que ha cedido el paso a la idea del reparto del poder con los obispos, puede permanecer en los estatutos de la Iglesia durante algún tiempo, pero la fuerza de su origen divino se ha diluido; y los altares, siempre signo de "cualesquiera que sean los dioses", han sido demolidos.

Aun así, la siguiente fase del ataque contra la Iglesia, desde dentro, ha superado la fase preparatoria y ya está en marcha. Es probable que sea menos espectacular que las depredaciones anteriores. La palabra "revisión" se oirá más a menudo que "cambio". Las iglesias ya no se utilizarán como lugares de diversión amorosa. Sin embargo, lo que probablemente resultará de las reuniones en el Salón del Sínodo del Vaticano, entre más de setenta cardenales y obispos, será, a largo plazo, tan devastador como las innovaciones que ahora han sido aceptadas como normas por un público en gran parte poco perceptivo y acrítico.

Entre los temas que se sabe que se han debatido se encuentran el matrimonio y el aborto; y prelados como el cardenal Felici son lo suficientemente racionales como para admitir que estas cuestiones, y otras similares, ya están prácticamente decididas de antemano. Las anulaciones matrimoniales, despojadas de gran parte de su formalidad anterior, serán más fáciles. Se levantará la amenaza de excomunión a las mujeres que aborten y, como muestra aún más clara de las concesiones vitales que están por venir, los artículos del Derecho Canónico se reducirán de 2414 a posiblemente 1728.

Pero estas consideraciones no pesarán mucho en quienes probablemente se vean impresionados por la visita del Papa a este país en mayo de este año, 1982. Se ha recurrido al poder del International Management Group de Mark McCormack para proporcionar al Papa la misma publicidad que tan hábilmente ha proporcionado a golfistas, jugadores de béisbol y tenistas, mientras que una empresa de consultores empresariales, Papal Visits Limited, añadirá un respaldo promocional adicional.

Sin duda, el probado instinto dramático de Juan Pablo II entrará en juego cuando, desde un vehículo con techo de cristal, reparta bendiciones mientras recorre lentamente kilómetros de vallas, gradas, carpas y plataformas para la prensa, y sobre una alfombra decorada con miles de plantas, hasta llegar al lugar donde se alzan tres cruces, la más alta de ciento veinte pies de altura —no, señor McCormack, el Calvario no era así— sobre una estructura de acero y lona a modo de altar.

Después de la misa, los fieles podrán llevarse un destornillador con una pegatina que muestra la cabeza del Papa en el mango. Todos los preparativos de la visita estarán en las manos expertas del arzobispo Marcinkus, que evidentemente ha quedado limpio de la reputación algo dudosa que le acompañaba en Roma.

Apéndice

La extraña muerte de Roberto Calvi

Tras la conmoción causada por el colapso del imperio financiero de Michele Sindona y las revelaciones sobre la pertenencia a la logia masónica Propaganda 2, de rito oriental, el Vaticano se enfrentó a una tercera vergüenza cuando, el 18 de junio de 1982, el cadáver del banquero Roberto Calvi fue encontrado colgado de un andamio bajo el puente Blackfriars.

Calvi había sido presidente del mayor banco privado de Italia, el Ambrosiano, que se hizo con muchos de los activos de Sindona. Conocido en ocasiones como "el banquero de Dios" por su estrecha relación con las finanzas del Vaticano (el banco del Vaticano era uno de los principales accionistas del Ambrosiano), en mayo de ese mismo año se enfrentaba a varios cargos relacionados, entre otros, con transacciones ilegales de divisas.

Desapareció de Roma y llegó a Londres, donde se alojó en Chelsea Cloisters, el 15 de junio. Era un hombre asustado, agobiado por secretos relacionados con él mismo y con el banco del Vaticano, en los que no era prudente indagar demasiado. Algunos de los que lo intentaron fueron destituidos repentinamente de sus cargos, otros fueron a la cárcel por cargos falsos y se supo de al menos un tiroteo durante las investigaciones.

Mientras Calvi estaba ausente, su secretaria, que llevaba treinta años trabajando en el banco, escribió una nota maldiciendo a Calvi y luego se tiró, según las autoridades, desde el cuarto piso de la sede del banco en Milán.

En Londres, Calvi trataba a su chófer como a un guardaespaldas. Acordó con un amigo que llamara a su piso a intervalos regulares y que, a la hora e , llamara tres veces a la puerta para que le abriera. También se afeitó el bigote, que llevaba desde hacía años.

Pero, aunque reacio a salir de su apartamento, se decía que Calvi había caminado seis kilómetros durante la noche o a primera hora de la mañana para suicidarse en la improbable zona de Blackfriars.

La mención de esa zona merece un comentario, junto con el recordatorio de que las sociedades secretas conceden gran importancia a la asociación y los símbolos. Blackfriars era el lugar donde se encontraba el convento y la iglesia de la Orden Dominicana, cuyos miembros adquirieron el nombre de Black Friars (frailes negros) debido a su hábito. Eran, y siguen siendo, conocidos como la Orden de Predicadores. Como tal, introdujeron el púlpito en el uso general, y los púlpitos figuran en la piedra del puente de Blackfriars. Y los miembros de la logia P2, en la que Calvi figuraba con el número 0519, se vestían como frailes negros, con túnica blanca, capa negra y capucha, para sus reuniones rituales.

Un *jurado* de instrucción, apoyado por Scotland Yard, dictaminó que Calvi se había suicidado, un veredicto que provocó miradas de extrañeza y sonrisas incrédulas entre sus familiares, la prensa italiana y la policía. Porque implicaba que Calvi, que tenía sesenta y dos años, había demostrado la destreza de un joven atlético al buscar, según el fiscal de Roma, una forma complicada de quitarse la vida.

En la oscuridad, y en un terreno completamente desconocido, se llenó los bolsillos de escombros, sorteó una larga escalera y unos tablones mojados que tenían un hueco de varios metros entre ellos, agarró un trozo de cuerda empapada, ató un extremo a su cuello y el otro a un andamio, y se lanzó al vacío. ¿Por qué tomarse tantas molestias, cuando entre sus pertenencias se encontraron jeringuillas médicas, siete cajas de pastillas y 170 comprimidos de diversos tipos, muchos de los cuales podrían haberle servido más fácilmente?

Pero aquí vuelve a aparecer la oscura, algo extraña y siniestra influencia de la P2 y otras sociedades secretas. La iniciación de un candidato en el gremio suele incluir el juramento de no revelar ninguno de sus secretos. Si lo infringía, sería condenado a una muerte violenta y luego enterrado cerca del agua, a poca profundidad, al alcance de la marea, con la creencia de que así se impediría que su fantasma, el " ", pudiera caminar, lo que podría avergonzar a sus asesinos.

Esto se aplicaría a Calvi, que con toda probabilidad fue estrangulado antes de ser llevado a Blackfriars, para garantizar que los peligrosos secretos que poseía no fueran divulgados. Porque después de su misterioso y torpe "suicidio", antes de que su cuerpo fuera bajado, la marea del Támesis cubría sus pies.

No hay nada que sugiera que Calvi hubiera ofendido a sus hermanos masones. Pero estaba bajo presión legal y muchos temían que saliera a la luz su extensa red financiera. El Vaticano, desde el escándalo Sindona, se había mantenido en guardia contra nuevas revelaciones e es y, cuando las actividades de la P2 salieron a la luz, tomó una medida sorprendente y aparentemente innecesaria.

La Congregación para la Doctrina de la Fe recordó a los católicos que, según el artículo 2335 del Derecho Canónico, tenían prohibido, bajo pena de excomunión, afiliarse a la masonería.

Se trataba simplemente de una medida irónica para dejar fuera de juego a los interrogadores, ya que, como sabrán los lectores de estas páginas, algunos de los principales prelados del Vaticano eran masones declarados. Pero la medida reflejaba la alarma que se sentía allí. Dos cardenales, Guerri y Caprio, habían trabajado codo con codo con Sindona, cuya caída había sacado a la luz la P2 y sus turbios negocios. Se sabía que Umberto Ortolani, miembro destacado de la logia, tenía estrechos vínculos con el Vaticano.

Pero el nombre más significativo que salió a la luz con el escándalo fue el del arzobispo Marcinkus, entre cuyas numerosas conexiones no reconocidas se encontraban las con círculos mafiosos y con Licio Gelli, antiguo gran maestro de la P2. Pero aún más relevante era que también era presidente del banco del Vaticano, el banco más secreto y exclusivo del mundo.

Marcinkus también había sido amigo y socio comercial de Calvi, y tras afirmar que "Calvi tiene nuestra confianza", lo demostró emitiendo una garantía, en nombre del banco del Vaticano, para cubrir algunas de las extensas operaciones crediticias de Calvi, que ascendían a muchos millones de e s, como parte de un vasto programa monetario que incluía acuerdos internacionales de venta de armas.

Pero cuando la tormenta se intensificó, Marcinkus retiró su garantía, aunque para entonces ya habían salido a la luz pruebas suficientes que justificaban la creencia de que entre el banco del Vaticano y el Banco Ambrosiano se habían producido intercambios comerciales más que normales.

El ministro del Tesoro, Andreatta, pidió al Vaticano que saliera a la luz y admitiera su participación en la crisis que sacudía el mundo financiero. También se exigió que Marcinkus fuera interrogado, al tiempo que se presionaba al Papa para que lo destituyera. Pero Marcinkus conocía demasiado bien los secretos bancarios del Vaticano como para que el Papa se arriesgara a desagradarlo. Además, había sido nombrado presidente de la influyente Comisión de Cardenales, por lo que estaba en camino de convertirse en un príncipe de la Iglesia, una perspectiva que lo hacía indisponible para contactos incómodos.

Cuando los comisarios acudieron al Vaticano para recabar información sobre su banco y la relación de Calvi con él, Marcinkus "no se encontraba en casa". Y cuando se enviaron por correo certificado al Vaticano citaciones (que implicaban que los destinatarios estaban sujetos a interrogatorio) dirigidas a Marcinkus y a dos de sus colaboradores bancarios, el sobre fue devuelto sin abrir.

Este mes (agosto de 1982), el cardenal Casaroli ha admitido, con cierta renuencia, que el Vaticano podría ser en parte responsable de la quiebra del banco Calvi.

Mientras tanto, el muy controvertido arzobispo Marcinkus, en su oficina situada a pocos pasos del apartamento del Papa, puede que a veces maneje el balance del banco de su difunto colega y reflexione sobre las palabras con las que terminaban dichos estados: "¡Gracias a Dios!".

Finale

"Sois una mala gente; un sinvergüenza, como los hombres vivos".

Así me recibió un sacerdote irlandés una fresca mañana de abril. Había leído en manuscrito gran parte de lo que aquí he escrito y, aunque no podía refutarlo, pensaba que yo estaba haciendo un flaco favor a la Iglesia. Era un hombre grande, de hombros anchos, con ojos tristes y un bastón nudoso que blandía como si fuera un garrote.

Estábamos de pie a la sombra de San Pedro, mientras las persianas del palacio aún estaban cerradas y solo se oían pasos aislados en la plaza. Su tono de amenaza humorística contrastaba con la serenidad de *mis* sentimientos.

Porque no hay nada más dorado en el mundo que un amanecer romano. El polvo de oro, que ilumina el pasado con más certeza que el presente, se filtra a través del aire y se posa, como un toque vacilante, en la fachada de Maderna, con sus audaces letras romanas, convirtiendo sus tonos marrones y ocres en oro. Las motas de polvo, al ser iluminadas por la primera luz, se convierten en oro que toca la base del obelisco de Calígula y se rompe en esplendor sobre los adoquines; sobre las estatuas de los santos de la columnata y la cúpula que poco a poco se vuelve blanca; sobre el espacio ante la basílica rodeada por las gigantescas columnas de Bernini, como antaño las legiones rodeaban las lanzas clavadas en el suelo que se alzaban envidia de la Cosa Romana; el agua de las fuentes, cada vez que la agita la brisa, cae en gotas de oro.

El ángulo del bastón me invitaba a mirar hacia la colina del Vaticano. "Así es como amanecerá sobre la ciudad, sobre la Iglesia. ¿No lo crees?".

Solo asentí a medias.

"Lo que has escrito pasará, como unas vacaciones o una fiebre lenta. Pero la promesa que se le hizo a Pedro" —y señaló a la figura central de la columnata— "no pasará. No puede pasar. La fisura en la Roca se cerrará. El amanecer volverá. ¿No lo crees?".

"Sí", respondí, influido quizá por sus ojos tristes y el balanceo de su bastón. "Volverá a amanecer".

¿Pero será un amanecer falso?

Bibliografía

Benson, Mgr. R. H., *Lord of the World* (Pitman, *1907*).

Blazynski, G., *El papa Juan Pablo II* (Weidenfeld y Nicolson, *1979*).

Carpi, Pierre, *Las profecías del papa Juan XXIII* (Jean Claude Lattes, *1976*).

Casini, Tito, *La última misa de Pablo VI* (Instituto Editoriale Italiano, *1971*).

Cotter, John, *A Study in Syncretism* (Canadian Intelligence Publications, Ontario, *1980*).

Cristiani, Mons. L., *Satanás en el mundo moderno* (Barrie and Rockliff, *1961*).

Crowley, Aleister, *Confessions* (Bantam Books, EE. UU., *1971*).

Dem, Marc, *Il faut que Rome soit détruite* (Albin Michel, París, *1980*).

Disraeli, Benjamin, *Lothair* (Longmans Green, *1877*).

Eppstein, John, *¿Se ha vuelto loca la Iglesia católica?* (Stacey, *1971*).

Fahey, P. Denis, *El cuerpo místico de Cristo en el mundo moderno* (Regina Publications, *1972*).

Fahey, P. Denis, *El cuerpo místico de Cristo y la reorganización de la sociedad* (Regina Publications, *1978*).

Gearon, P. J., *El trigo y la cizaña* (Britons Publishing Co., *1969*).

Kolberg, Theodor, *Der Betrug des Jahrhunderts* (Múnich, *1977*).

Laver, James, *El primer decadente. J. K. Huysmans* (Faber, *1964*).

Levinson, Charles, *Vodka-Cola* (Gordon and Cremonesi, EE. UU., *1979*).

Martin, Malachi, *El cónclave final* (Melbourne House, *1978*).

Martínez, Mary, *From Rome Urgently* (Statimari, Roma, *1979*).

Mellor, Alec, *Nuestros hermanos separados* (Harrap, *1964*).

Miller, Fulop, *El poder y el secreto de los jesuitas* (Owen, *1967*).

O'Mahoney, T. P., *El nuevo papa. Juan Pablo I* (Villa Books, Dublín, *1978*).

Oram, James, *El papa del pueblo* (Bay Books, Sídney, *1979*).

Pinay, Maurice, *La conspiración contra la Iglesia* (St. Anthony Press, *1967*).

Queensborough, Lady, *Teocracia oculta* (British-American Press, *1931*).

Rhodes, Henry, *La misa satánica* (Rider, *1954*).

Smith, Bernard, *El evangelio fraudulento* (Foreign Affairs Publishing Co., *1977*).

Stoddart, Christina, *Portadores de luz de las tinieblas* (Boswell, *1930*).

Stoddart, Christina, *Trail of the Serpent* (Boswell, *1936*).

Symonds, John, *La gran bestia. La vida y la magia de Aleister Crowley* (Mayflower, *1973*).

Thierry, Jean Jacques, *Lettres de Rome sur le singulier trépas de Jean-Paul I* (Pierre Belfond, París, 1981).

Virebeau, Georges, *Prelats et Francs-magons* (Henri Coston, París, 1978).

Webb, James, *La huida de la razón* (Macdonald, 1971).

Webster, Nesta, *Secret Societies and subversive movements* (Christian Book Club, http://ca.geocities.com/nt_351/webster/webster_index.html).

Williamson, Hugh Ross, *La gran traición* (Tan Books, 1970).

Williamson, Hugh Ross, *La misa moderna* (Tan Books, 1971).

Wiltgen, P. R. M., *El Rin desemboca en el Tíber* (Augustine Press, 1979).

Otros títulos

Omnia Veritas Ltd presenta:

Complot contra la Iglesia

de MAURICE PINAY

La profecía de un reinado de Dios en la Tierra, la interpretaron los judíos como la promesa de un reino y dominio mundial de Israel

La autenticidad de estos documentos judiciales queda fuera de duda...

Omnia Veritas Ltd presente:

LA GUERRA OCULTA
de
Emmanuel Malynski

En esencia, *La Guerra Oculta* es una metafísica de la historia, es la concepción de la perenne **lucha entre dos opuestos** órdenes de fuerzas...

La Guerra Oculta es un libro que ha sido calificado de "maldito"

El análisis más anticonformista de los hechos históricos

Omnia Veritas Ltd presenta:

LA CONTROVERSIA DE SIÓN
de
Douglas Reed

Los siglos de raíces y la agenda oculta del sionismo revelado

El libro-clave sin censura ya está disponible en español!

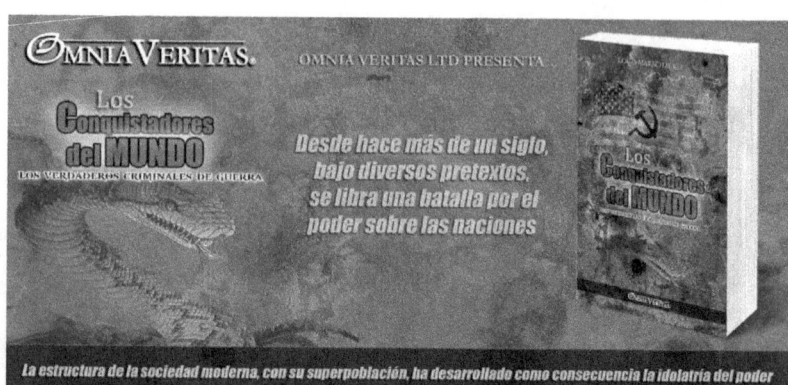

www.ingramcontent.com/pod-product-compliance
Lightning Source LLC
Chambersburg PA
CBHW050136170426
43197CB00011B/1853